COLEÇÃO
PENSADORES & EDUCAÇÃO

Nietzsche & a Educação

Jorge Larrosa

Tradução: Semíramis Gorini da Veiga

Nietzsche & a Educação

3ª edição
Revisada conforme Novo Acordo Ortográfico

autêntica

Copyright © 2007 by Jorge Larrosa

COORDENAÇÃO DA COLEÇÃO PENSADORES & EDUCAÇÃO
Alfredo Veiga-Neto

CONSELHO EDITORIAL
Alfredo Veiga-Neto – ULBRA/UFRGS, *Carlos Ernesto Noguera* – Univ. Pedagógica Nacional de Colombia, *Edla Eggert* – UNISINOS, *Jorge Ramos do Ó* – Universidade de Lisboa, *Júlio Groppa Aquino* – USP, *Luís Henrique Sommer* – ULBRA, *Margareth Rago* – UNICAMP, *Rosa Bueno Fischer* – UFRGS, *Sílvio D. Gallo* – UNICAMP

EDITORAÇÃO ELETRÔNICA
Luiz Flávio Pedrosa

REVISÃO
Cilene De Santis e Cecília Martins

EDITORA RESPONSÁVEL
Rejane Dias

Todos os direitos reservados pela Autêntica Editora. Nenhuma parte desta publicação poderá ser reproduzida, seja por meios mecânicos, eletrônicos, seja via cópia xerográfica, sem a autorização prévia da editora.

AUTÊNTICA EDITORA LTDA.
Rua Aimorés, 981, 8º andar. Funcionários
30140-071. Belo Horizonte. MG
Tel: (55 31) 3222 68 19
TELEVENDAS: 0800 283 13 22
www.autenticaeditora.com.br

L334n

Larrosa, Jorge
  Nietzsche & a Educação / Jorge Larrosa ; traduzido por Semíramis Gorini da Veiga. – 3. ed. – Belo Horizonte : Autêntica, 2009.
  120 p. (Pensadores & Educação, 2)
  Título original: Nietzsche y la educación
  ISBN 978-85-7526-058-6

  1.Educação. 2.Filosofia. I. Veiga, Semíramis Gorini da. II. Nietzsche, Friedrich Wilhelm. III.Título. IV.Título Original: Nietzsche y la educación. IV.Série.

CDU 37

Sumário

Essa música chamada Nietzsche.
A modo de introdução 07

Ler em direção ao desconhecido.
Para além da Hermenêutica 13

Como se chega a ser o que é.
Para além da Bildung 41

A libertação da liberdade.
Para além do sujeito 69

Sugestões bibliográficas 107

Site de interesse, relacionados a
Nietzsche & a Educação 111

Referências 115

O autor 119

ESSA MÚSICA CHAMADA NIETZSCHE.
A MODO DE INTRODUÇÃO

Na "Premissa" que precede às diferentes introduções que Giorgio Colli escreveu para os livros de Nietzsche, e que ele mesmo traduziu para o italiano, entre 1959 e 1978, pode-se ler o seguinte:

> Pode-se escutar ou ler Nietzsche de duas maneiras: *ou* como um homem, através de seu desenvolvimento – e assim se poderá entendê-lo cada vez como algo completo e concluso –; com isso, se ignorará o futuro e, quanto ao passado, esse será cancelado em sua perspectiva absoluta e será considerado em sua perspectiva histórica; resulta disso que cada pessoa será livre, em qualquer circunstância, de tomá-lo ou deixá-lo, de se entusiasmar com ele ou o detestar; *ou*, por outro lado, se contempla a individualidade em questão como uma "enteléquia", para a qual o tempo não é mais do que a condição de sua manifestação. O estudo dessa idéia – para Platão as almas são similares às idéias –, cuja compacidade é primordial, se desfia através da reconstrução de uma totalidade pressuposta, na qual as expressões delimitadas têm o valor de fragmentos melódicos e harmoniosos de uma música desconhecida. É oportuno escutar Nietzsche desta maneira. (COLLI, 2000, p. 11)

Se por Filosofia entendemos um conjunto mais ou menos articulado de ideias sobre uma série mais ou menos ampla de temas mais ou menos tradicionais, a filosofia de Nietzsche pertence à História da Filosofia. E a História da Filosofia é, como dizia Deleuze, um dos principais dispositivos de cancelamento do pensamento. Porém se por Filosofia entendemos um tipo particular de força ou de intensidade – que, por comodidade, podemos chamar aqui, provisoriamente, de pensamento –, que na atualidade se expressa nessas atividades paralelas que são a leitura e a escrita – a leitura e a escrita pensantes ou pensativas –, então o nome de Nietzsche recobre grande parte daquilo que nos tem dado no que pensar, ao longo do século que recém-terminou, através de uma série de releituras e de reescritos, de interpretações, em suma, particularmente fecundas.

O que Nietzsche tem de doutrina pertence ao passado; porém o que Nietzsche tem de inquietude, o que no texto de Nietzsche funciona como um catalizador de nossas perplexidades, atravessa o século e pertence, sem dúvida, ao futuro. O que nos interessa, portanto, não é o que em Nietzsche pertence a essa disciplina chamada Filosofia, mas o que em Nietzsche, na leitura e na reescrita de Nietzsche, continua alimentando essa forma de indisciplina que continuamos chamando de pensamento. Ou, de outro modo, o que nos importa não é (só) o que Nietzsche pensou ou (apenas) o que nós podemos pensar sobre Nietzsche, mas o que com Nietzsche, contra Nietzsche ou a partir de Nietzsche possamos (ser capazes ainda de) pensar.

Se usarmos a metáfora musical de Colli, poderemos dizer que uma música chamada Nietzsche atravessa o século XX. E o que vou fazer neste livro é uma leitura de algumas "expressões delimitadas" do texto de Nietzsche, alguns "motivos nietzscheanos", no sentido musical do termo "motivo", que me parece especialmente importante a partir do ponto de vista do pensamento da educação. Algo parecido ao que Villa Lobos fez, em suas "Bachianas", com a obra de Bach. O que o leitor tem neste livro são três "nietzcheanas" interpretadas, com maior ou menor habilidade, para um auditório – ou uma escuta – de caráter pedagógico.

O primeiro motivo percorre alguns textos nietzscheanos sobre a leitura e se intitula "Ler em direção ao desconhecido.

Para além da hermenêutica" (LARROSA, 1996). Como se sabe, a leitura tem sido tradicionalmente considerada, na educação humanística, como o dispositivo fundamental para a conservação da tradição (da memória "espiritual" da Humanidade), para a constituição de uma comunidade (no sentido cultural desse termo), e para a formação dos indivíduos (no sentido do desenvolvimento de uma certa sensibilidade e de um certo caráter). Daí a importância pedagógica do modo como Nietzsche desmonta os pressupostos hermenêuticos da velha educação humanística.

O segundo motivo evoca a aparição, em distintos pontos do *corpus* nietzscheano, da expressão "como se chega a ser o que se é".[1] Essa expressão pode ser considerada como emblemática para a ideia de *formação*, de *Bildung*, tal como ela atravessa os séculos XVIII e XIX do pensamento filosófico e pedagógico. Porém o modo como Nietzsche usa essa expressão nos diz qual é sua ideia da *Bildung*, e, mais ainda, nos dá indícios de como Nietzsche desmonta alguns dos pressupostos básicos dessa ideia tradicional e a faz explodir. Isso explica o subtítulo que eu usei para esse capítulo: "Para além da formação".

O terceiro motivo intitula-se "A libertação da liberdade. Para além do sujeito"[2] e é uma leitura do célebre "Discurso das três metamorfoses" de *Assim Falou Zaratustra*. A criança que faz parte desse discurso, representação da criança *Aión* do fragmento de Heráclito, aparece como o ponto em que o sujeito lança-se além de si mesmo para que algo novo possa aparecer. Temos aí não só uma teoria não subjetiva da criação,

---

[1] Conferência proferida no *Grupo de Trabalho Filosofia da Educação*, na *24ª Reunião Anual da Associação Nacional de Pesquisa e Pós-Graduação*, em Caxambu, Minas Gerais, no ano de 2001. O texto é uma reelaboração de "La liberación de la libertad", em Larrosa (2001).

[2] Trata-se de uma conferência proferida nas *Jornadas Nietzsche 2000*, sob o título *Nietzsche (no) ha muerto: entre arte, filosofía y política,* na Universidade de Buenos Aires, em outubro de 2000. O texto está publicado em Larrosa (2001).

mas toda uma visão do acontecimento, isto é, daquilo que faz com que o tempo humano (tanto o tempo de uma vida singular, como o tempo histórico de uma coletividade) seja ao mesmo tempo contínuo e descontínuo.

Com esses três motivos não se esgota a lista de temas nietzscheanos suscetíveis de inspirar um outro pensamento sobre a educação. No entanto, parece-me que eles sugerem algumas direções de trabalho e, sobretudo, um certo estilo de trabalho com os textos de Nietzsche. Por isso, constituem mais um convite à leitura e ao pensamento do que uma explicação convencional do autor e de sua obra.

Em sua introdução a *O nascimento da tragédia,* seu tradutor espanhol, Andrés Sánchez Pascual, escreve o seguinte:

> Deixemos de lado Wagner, deixemos de lado também Schopenhauer, os quais, segundo dirá mais tarde Nietzsche, "inutilizaram" sua obra. Deixemos de lado o que este livro tem de manifesto de uma nova política cultural. Deixemos de lado suas esperanças na ressurreição do "mito germânico". Inclusive podemos deixar de lado tudo o que diz Nietzsche sobre os gregos [...]. Fiquemos com a única coisa importante: o que Nietzsche diz sobre a vida. (PASCUAL, 1973, p. 18)

Em realidade, o menos importante é o que Nietzsche diz sobre qualquer coisa. Da mesma maneira, pouco importa quais eram suas intenções, o que é que Nietzsche queria fazer com o que dizia. O importante não é o que Nietzsche diz, nem por que o diz. O que importa, e o que continua dando o que pensar, é seu modo de dizer, o modo como estabelece uma relação inédita entre a língua e aquilo que nomeia, o modo como faz aparecer fatos insuspeitos, associações novas, objetos desconhecidos. Por isso, se cada vez estamos mais distantes do que Nietzsche diz – e podem nos parecer errôneos ou falsos ou ingênuos seus enunciados doutrinários sobre a linguagem, sobre a vida, sobre a arte ou sobre a educação – e mais distantes daquilo que Nietzsche quer – e muitos de seus objetivos podem nos parecer elitistas, inocentes, delirantes ou desencaminhados –, sua maneira de situar-se no jogo do dizer é cada vez mais atual.

Um magnífico "cantor" de flamengo, Enrique Morente, dizia uma vez que Lorca escreve cada vez melhor. Obviamente, todo mundo sabe que Lorca deixou de escrever em 1936, quando foi assassinado pelos fascistas espanhóis, e que muitas de suas iluminações poéticas se converteram em lugares-comuns. Porém Lorca escreve cada vez melhor porque seus textos continuam produzindo, na voz de seus melhores intérpretes, sonoridades novas, músicas nunca ouvidas. Há escritores que escrevem cada vez melhor e escritores que escrevem cada vez pior, assim como há filósofos que pensam cada vez melhor e filósofos que pensam cada vez pior. E Nietzsche é daqueles que escrevem e pensam cada vez melhor, embora seja, cada vez menos "verdade" o que ele diz – a parte doutrinária de sua obra –, e cada vez seja mais "anacrônico" o por que o diz –as intenções explícitas de seu pensamento. Nietzsche pensa cada vez melhor porque seu regime de escrita, sua modalidade de pensamento, relida e reescrita por seus melhores intérpretes, continua iluminando acontecimentos, operando no jogo da verdade e produzindo efeitos de sentido.

De qualquer forma, ao final desse livro – e com a ajuda de Alfredo Veiga-Neto, tanto para a bibliografia brasileira, quanto para a sugestão de *sites* sobre Nietzsche e sua obra, na Internet – o leitor e a leitora encontrarão alguns dados imprescindíveis, algumas notas sobre a recepção de Nietzsche em educação, algumas indicações de leitura e algumas pistas para começarem ou continuarem suas próprias caminhadas.

Ler em direção ao desconhecido.
Para além da Hermenêutica

> Toda leitura é leitura de um lugar
> estrangeiro, de um primeiro lugar.
>
> Edmond Jabès

Nietzsche não deixa em paz seus leitores; ele não nos deixa em paz. Com uma desenvoltura que beira a insolência, levanta constantemente a cabeça do papel no qual está escrevendo e nos olha diretamente na cara, nos agarra pelas lapelas, nos sacode os ombros, nos faz perguntas impertinentes, nos dá ordens, nos faz sinais. Desavergonhadamente, interrompe nossa tranquilidade de leitores e, de um salto, coloca-se ante nós com esse olhar brincalhão de quem se sabe capaz de reconhecer imediatamente de que material somos feitos. Interpelando-nos em nossa própria atividade, metendo-se diretamente em nosso território, atacando nosso conformismo, a escrita de Nietzsche nos interroga e nos obriga a interrogar-nos sobre a qualidade de nossa própria leitura: como se desconfiasse de nós, como se advertisse os limites de nossa perspectiva, como se suspeitasse de nossa tendência a desfigurar sua mensagem, a traduzi-lo em uma língua inferior.

A filologia rigorosa

Com uma arrogância não isenta de certa vontade de provocação, Nietzsche exige para si mesmo "leitores perfeitos, filólogos rigorosos", pessoas capazes de "ler devagar, com profundidade, com intenção profunda, abertamente e com olhos e dedos delicados".[1] Sabe que a arte da leitura é rara nesta época de trabalho e de precipitação, na qual temos que acabar tudo rapidamente. Os "leitores modernos" já não têm tempo para esbanjar em atividades que demorem, cujos fins não se veem com clareza, e das quais não podem colher imediatamente os resultados. Para eles, profissionais da leitura, o trato com os livros é, quando muito, um meio "para escrever uma resenha ou outro livro",[2] isto é, uma atividade na qual o que se lê é meramente apropriado em função de sua utilização apressada para a elaboração de outro produto que deverá, por sua vez, se consumir rapidamente. A leitura é algo ao qual cada um deve se aplicar com lentidão, levando tempo, despreocupadamente, sem esperar nada em troca. Isto é, um luxo praticamente inexistente nestes tempos de bibliografias enormes e compulsivamente "atualizadas", nos quais reina a superstição de que os últimos livros são os melhores e a crença de que se tem de ler quase todos. Ou, pelo menos, tem-se de saber fazer de conta de que já se os leu; arte esta que se ensina nas escolas e que, sem dúvida alguma, domina a maioria desses funcionários do espírito que são os leitores modernos.

Além de lentidão, profundidade, abertura e delicadeza, além de "conhecer o segredo de ler nas entrelinhas"[3] e de não ficar na literalidade do texto, Nietzsche exige dos que praticam a "arte venerável" da leitura, o saber "tornarem-se silenciosos e pausados".[4] E isso também é extremamente raro nesta época buliçosa na qual todo mundo tem opiniões próprias e coisas para dizer, na qual todo mundo julga imediatamente o que lê e, além disso, se sente obrigado a dizê-lo. Nietzsche sabe que quase ninguém tem tempo para ler. E sabe também que vivemos em uma época na qual "o ter lido" é uma mercadoria que se tem que exibir publicamente apregoando seu valor. Por

---

[1] NIETZSCHE, 1981, p. 9.
[2] NIETZSCHE, 1977, p. 33.
[3] Ibidem.
[4] NIETZSCHE, 1981, p. 9.

isso, o mundo dos leitores está cheio de charlatões e quase ninguém é "suficientemente culto para valorizar tão pouco sua cultura, para poder inclusive depreciá-la".[5]

O leitor moderno está tão crente de "sua pessoa e sua cultura" que se supõe a si mesmo "como uma medida segura e um critério de todas as coisas";[6] é tal sua arrogância que se sente capaz de julgar – isso sim, criticamente – todos os livros; ele é constitutivamente incapaz de suspender o juízo, de guardar silêncio, de manter-se retirado, de escutar. Será que é isso o que se ensina nas escolas? Em nossas escolas, incluindo as universidades, já não se ensina a estudar. O estudo, a humildade e o silêncio do estudo, é algo que nem sequer se permite. Hoje, já ninguém estuda. Mas todo mundo tem que ter opiniões próprias e pessoais. Os jovens pitagóricos tinham que guardar silêncio durante cinco anos. Mas nós, leitores modernos, parecemos incapazes de permanecer calados sequer "durante cinco quartos de hora".[7]

Quem lê?

Nietzsche desconfia de nós, os leitores modernos: suspeita de que não temos tempo; está quase seguro de que se temos seus livros sobre nossa mesa é porque estamos escrevendo outro livro, ou um comentário, ou um trabalho de curso; e supõe que seus livros estão agora quase sepultados por toda essa bibliografia crítica, exaustiva, moderna e atualizada que em seguida vamos utilizar para que não se diga que nós, seus leitores, não somos também críticos e exaustivos e modernos e atualizados; duvida de nossa capacidade de guardar silêncio, sequer durante um instante, e teme que a qualquer momento nos ponhamos de pé e exibamos nossa pessoa e nossa cultura para que não se pense que não temos um espírito suficientemente pessoal, livre e crítico, e uma boa coleção de opiniões próprias, originais e cultas.

---

[5] NIETZSCHE, 1977, p. 33.

[6] Ibidem.

[7] Idem, p. 52.

Mas lhe fica, ainda, a suspeita mais grave. A pergunta mais grave que tem que nos fazer não tem a ver com nossa honestidade filológica, nem com as condições de nossa leitura. Trata-se de uma pergunta muito mais impudica, muito mais insolente; uma pergunta que já não é de filólogo rigoroso mas de "psicólogo das profundezas";[8] uma pergunta, enfim, para a qual não é suficiente olhar fixamente no rosto e para a qual se faz necessário nos apalpar as vísceras. Quando nos descobre percorrendo suas páginas, Nietzsche sente a obrigação de nos perguntar quem somos. Nietzsche sabe que a possibilidade da leitura não só depende do difícil domínio da arte da filologia e do raro luxo das condições que requer, mas, também, e sobretudo, do tipo de pessoa que é o leitor. A experiência da leitura não consiste somente em entender o significado do texto mas, em vivê-lo. E é a partir deste ponto de vista que, ler, coloca em jogo o leitor em sua totalidade.[9] Ler exige uma certa afinidade vital e tipológica entre o leitor e o livro.[10]

---

[8] A "psicologia das profundidades" é definida como uma morfologia e uma teoria geral da vontade de poder em Para além do bem e do mal (§ 23) (Nietzsche, 1972, p. 45).

[9] G. Steiner diz isso com maestria: "Ler bem significa arriscar-se muito. É deixar vulnerável nossa identidade, nossa possessão de nós mesmos. Nas primeiras etapas da epilepsia apresenta-se um sonho característico (Dostoievski fala dele). De alguma forma nos sentimos liberados de nosso próprio corpo; ao olhar para trás, nos vemos e sentimos um terror súbito, enlouquecedor; outra presença se está introduzindo em nossa pessoa e não existe caminho de volta. Ao sentir tal terror a mente anseia um brusco despertar. Assim, deveria ser, quando tomamos em nossas mãos uma grande obra de literatura ou de filosofia, de imaginação ou de doutrina. Pode chegar a nos possuir tão completamente que, durante um lapso, tenhamos medo, nos reconheçamos imperfeitamente. Quem leu *A metamorfose* de Kafka e possa olhar-se impávido ao espelho, pode ser capaz, tecnicamente, de ler letra impressa, mas é um analfabeto no único sentido que importa". (STEINER, 1982, p. 32).

[10] Nietzsche parece aludir a essa afinidade em seu constante uso do "nós" para interpelar diretamente o leitor: nós, "os espíritos livres"; nós, "os hiperbóreos"; nós, "os novos argonautas"; nós, "os solitários" etc. Esse "nós" funciona como uma apelação à totalidade da experiência do leitor, à sua própria identidade, numa comunidade inexistente. "Só Nietzsche fez-se solidário a mim, ao dizer nós", escreve Bataille, em *Sobre Nietzsche* (BATAILLE, 1972, p. 31). Porém, trata-se sempre de uma comunidade dos que não têm comunidade, daquilo que está mais afastado de qualquer forma de seita.

Mas o "eu" do leitor não é outra coisa senão o resultado superficial de uma certa organização hierarquizada de forças que, em grande medida, permanece inconsciente. O que somos capazes de ler em um livro é o resultado de nossas disposições anímicas mais profundas: a finura e o caráter de nossos sentidos, nossas disposições corporais, nossas vivências passadas, nossos instintos, nosso temperamento essencial, a qualidade de nossas entranhas. Nas palavras de Nietzsche,

> [...] em última instância ninguém pode escutar nas coisas, incluídos os livros, mais daquilo que já sabe. Faltam-nos ouvidos para escutarmos aquilo ao qual não se tem acesso a partir da vivência. Imaginemos o caso extremo de que um livro não fale mais do que de vivências que, em sua totalidade, encontram-se situadas para além da possibilidade de uma experiência freqüente, ou, também, pouco freqüente – de que seja a primeira linguagem para expressar uma série nova de experiências. Neste caso, simplesmente, não se ouve nada, o que produz a ilusão acústica de crer que, de onde nada se ouve, tampouco nada existe... Esta é, definitivamente, minha experiência ordinária e, caso se queira, a originalidade de minha experiência. Quem acreditou ter compreendido algo de mim, esse refez algo de mim à sua imagem.[11]

É a vida em sua totalidade, e não só a inteligência, a que interpreta, a que lê. Mais ainda, viver é interpretar, dar um sentido ao mundo e atuar em função desse sentido. Por isso a incapacidade para ler um livro não implica tanto a falta de "preparação" do leitor como a falta de uma comunidade de experiências com o livro que, em última instância, remete a uma diferença vital e tipológica. Ser "surdo" a uma obra, mesmo que a tendo "compreendido", supõe ter vivido outras experiências e, sobretudo, ter outra disposição diferente da-

---

[11] NIETZSCHE, 1971, p. 57.

quela que a obra expressa. Quando um livro expressa em uma linguagem inédita experiências muito pouco comuns, ou radicalmente novas, e um tipo vital fora do comum, quase ninguém poderá lê-lo. O que acontece é que essa impossibilidade vital da leitura produz uma espécie de "alucinação negativa generalizada", que funciona anulando o objeto inacessível e "transformando o surdo em um ser delirante que nega a existência de um ser real que não pode tolerar escutar".[12]

Nietzsche sabe que não há um sentido "próprio" do texto, mas somente a apropriação da força do texto por outra força afim ou contrária. Deleuze diz isso com clareza: "nunca encontraremos o sentido de algo se não sabemos qual é a força que se apropria da coisa, que a explora, que se apodera dela ou que se expressa nela".[13] Um livro é uma força que atua sobre outras forças produzindo nelas efeitos variáveis. Quanto mais intempestivo é um livro, menos possibilidades tem ele de encontrar ouvidos capazes de escutar seu sentido inaudito. E o que costuma ocorrer é que o livro é apropriado pelas forças dominantes existentes e, portanto, privado de sua novidade radical, das mais inquietantes e enigmáticas de suas possibilidades.[14]

A escrita de Nietzsche está feita de muitos estilos, tantos e tão diversos, como exige a expressão de umas experiências excepcionais, de um *pathos* altamente complexo, de uma super-abundância espiritual e de uma extraordinária "multiplicidade de estados interiores".[15] Isso, até o ponto em que essa escrita coloca a questão de constituir-se realmente uma "obra"

---

[12] KOFMAN, 1992, p. 21.

[13] Deleuze, 1971, p. 10.

[14] Nietzsche ironiza sobre a recepção, em código wagneriano, de *O nascimento da tragédia*, e sobre a leitura, em código idealista, de seu Zaratustra, em diferentes passagens de *Ecce Homo*. Ver, sobretudo, Nietzsche (1971, p. 55-58 e p. 67-72) e os comentários de Kofman (1992, p. 77-99).

[15] Nietzsche, 1971, p. 61. Sobre o estilo de Nietzsche, ver S. Kofman (1972) e Derrida (1978).

que possa ser lida e apropriada, como se lê e se apropria do "conteúdo" ou da "verdade" das demais obras.[16] E o nome de Nietzsche na folha de rosto coloca seriamente a questão de que se é, realmente, um só homem aquele que se oculta sob tantas máscaras: o filósofo, o psicólogo, o moralista, o filólogo, o bufão, Dionísio, Zaratustra, o Anticristo[17]... A singularidade de seu estilo é ser muitos estilos, como a singularidade de sua pessoa é ser muitas pessoas, e como a singularidade de sua mensagem é ser muitas mensagens. E mais: a escrita de Nietzsche está dirigida contra a ilusão de que um livro exige um estilo transparente, eficazmente "comunicativo", uma personalidade única que controle seu sentido, e uma verdade transmitida que seria seu "conteúdo". O estilo é, para Nietzsche, uma forma múltipla para a expressão do inexpressável, uma música, um gesto, um punho, um martelo; a personalidade é um sistema hierarquizado de forças; a verdade não é outra coisa senão uma invenção que esqueceu que o é.

A escrita de Nietzsche exige uma nova arte da leitura que seja sensível ao *tempo* e à gestualidade do estilo, que perceba o valor da força vital que expressa, que não busque nela nenhuma verdade. Por isso, Nietzsche não se preocupa com a nossa capacidade de compreensão ou com o nosso saber ler em geral e, tampouco, não se preocupa que sejamos capazes ou não de localizar suas teses doutrinais, mais ou menos explícitas. A escrita de Nietzsche não pretende transmitir um conteúdo de verdade, não pretende enfrentar um saber contra outro saber, não pretende nem ao menos "instruir" o leitor. O que busca é expressar uma força que se combine com outras forças, com outras experiências, com outros temperamentos, e os leve além de si mesmos.

---

[16] F. Lacoue-Labarthe, depois de renunciar a oferecer uma leitura coerente de *A genealogia da moral*, afirma que *O nascimento da tragédia* seria "em última análise, o único 'Livro' genuíno de Nietzsche" (LACOUE-LABARTHE, 1971, p. 52).

[17] No primeiro parágrafo de *Ecce Homo*, afirma: "parece-me indispensável dizer quem sou eu" (NIETZSCHE, 1971, p. 15). Sobre *Ecce Homo* como a intenção impossível de centrar e unificar os múltiplos Nietzsche na unidade de uma única tarefa, ver especialmente a introdução e o capítulo 3 de Kofman (1992).

A jovialidade da barriga

Existe, ainda, uma outra condição suplementar para a leitura: o saber sair do texto, o saber terminá-lo e deixá-lo a tempo, a arte do esquecimento: "lê ao menos este livro para após destruí-lo, com vossa ação, e esquecê-lo".[18]

Ser capaz de esquecer o que se leu tem a ver "com o tempo do metabolismo"[19] e isto é, na linguagem fisiológica de *Ecce Homo*, ter uma barriga jovial.[20] À diferença dos espíritos dispépticos, doentes de "inércia intestinal",[21] que "não sabem desembaraçar-se de nada"[22], que têm tendência à obesidade, e que são como uma permanente indigestão que não acaba de dar fim a nada,[23] o bom leitor tem que ter as tripas limpas e sãs, um metabolismo leve e rápido, "um ventre com duas necessidades".[24] Saber ler exige um estômago capaz de evacuar o que não convém a ele, sem ressentimento – sem acidez de estômago –, com rapidez e com alegria, sem perder energias em um trabalho meramente reativo; exige, além disso, um estômago poderoso e valente que se atreva, sem revolver-se, com alimentações ousadas e pouco comuns; mas, também, exige um estômago que tenha uma digestão ligeira naquilo que lhe convém: que converta facilmente o ingerido como parte da própria substância, da própria força, e que seja capaz de eliminar o resto com prontidão. A carne sedentária, a carne que se concentra no traseiro, é o maior pecado contra o espírito.[25] A obesidade espiritual provocada pelo sedentarismo é a enfermidade daquele que retém demasiado, daquele que

---

[18] NIETZSCHE, 1977, p. 34.
[19] NIETZSCHE, 1971, p. 39.
[20] Idem, p. 60.
[21] Idem, p. 39.
[22] Idem, p. 29.
[23] Idem, p. 37.
[24] NIETZSCHE, 1972, p. 26.
[25] NIETZSCHE, 1971, p. 39. Ver também NIETZSCHE, 1973, p. 35.

está sempre demasiado repleto do que leu, daquele que tem um estômago de uma só função, daquele que não tem os intestinos alegres. Ler bem, pelo contrário, é dar ao corpo o máximo de energia, porém permitindo que se mova por si mesmo e em liberdade. Ler bem é estabelecer uma correta relação entre o ritmo do metabolismo e "a mobilidade ou a lentidão dos pés do espírito", e isso até o ponto de que "o próprio espírito não é mais do que uma espécie de metabolismo".[26] Tem que estar sentado o menor tempo possível, tem que ter o estômago cheio o menor tempo possível. O importante é assimilar o que o texto tem de força, o que tem de alado e dançarino, e pôr-se em seguida a caminhar: não permitir nenhum alimento "no qual não celebrem uma festa, também os músculos".[27]

O prólogo de *Ecce Homo*, como o prefácio de *Sobre o futuro de nossas escolas*, apresenta o livro, estabelece as condições ideais de sua leitura, e termina convidando o leitor a saber sair do texto. Em *Sobre o futuro de nossas escolas*, esse convite é formulado com o imperativo de "destruir" o livro e "fazê-lo esquecido". No contexto das considerações bibliodietéticas de *Ecce Homo*, utiliza-se a imagem da "jovialidade do abdome". E, ao final do prólogo de *Ecce Homo*, Nietzsche reformula o convite de saber deixar o texto utilizando uma autocitação de "seu" Zaratustra, precisamente quando o mestre se afasta de seus discípulos, pedindo-lhes que se separem dele:

> Sozinho vou agora, meus discípulos! Também vós, ide embora, e sozinhos! Assim quero eu. Em verdade, este é meu conselho: Afastai-vos de mim e defendei-vos de Zaratustra! E, melhor ainda: Envergonhai-vos dele! Talvez vos tenha enganado. O homem do conhecimento não precisa somente amar seus inimigos, precisa também poder odiar seus amigos. Paga-se mal a um mestre,

---

[26] Nietzsche, 1971, p.39.
[27] Ibidem.

quando se continua sempre a ser apenas o aluno. E por que não quereis arrancar minha coroa de louros? Vós me venerais: mas, e se um dia vossa veneração desmoronar? Guardai-vos de que não vos esmague uma estátua! Dizeis que acreditais em Zaratustra? Mas, que importa Zaratustra! Vós sois meus crentes, mas que importam todos os crentes! Ainda não vos havíeis procurado: então me encontrastes. Assim fazem todos os crentes: por isso importa tão pouco toda crença. Agora vos mando me perderdes e vos encontrardes; e somente quando me tiverdes todos renegado, eu retornarei a vós...[28]

O mundo está cheio de livros-pregadores que buscam demonstrar verdades, impor crenças, dizer às pessoas qual o caminho que devem seguir. São livros que, pretendendo dizer a verdade, enganam o leitor. E o engano consiste em que, aparentando dar algo – a verdade da qual são portadores –, o que fazem é tomar algo: o próprio espírito do leitor que convertem em devoto. Aos livros-pregadores correspondem os leitores-crentes. Esses leitores permanecem ligados a seus livros, são fiéis a eles, veneram-nos, seguem-nos. São leitores que buscam nos livros algum tipo de verdade e que, quando acreditam tê-la encontrado, permanecem ligados a eles. Mas os leitores que Nietzsche pede, como os discípulos de Zaratustra, não devem buscar a verdade, mas buscar-se a si mesmos. Por isso, têm que saber tomar os livros como instrumentos mediadores e prescindíveis que os conduzam ao mais alto de si próprios, ao que eles são. Os livros que contam são os que, como Zaratustra, sabem afastar seus leitores convidando-os a se defender de permanecerem fixos a eles, incitando-os inclusive a traí-los. Os livros que importam são "amigos" que incitam o leitor a odiá-los. Zaratustra diz que "no próprio amigo devemos ter nosso melhor inimigo",[29] visto que só o amigo-inimigo permite a luta entre o

---

[28] Idem, p. 18. A citação pertence a *Assim falou Zaratustra* (NIETZSCHE, 1972a, p. 122-123). (NT: Aqui, usou-se a tradução brasileira, em NIETZSCHE, 1996, p. 413).

[29] NIETZSCHE, 1972a, p. 93.

sujeito e ele próprio. Os livros que importam dão sem tomar nada em troca, porque a cada um dão o dom de si mesmo. Por outro lado, os leitores que importam são os que não se prendem aos livros, os que não permanecem sempre leitores, os que sabem deixar de ser discípulos, os que não querem continuar sendo crentes, os que sabem deixar os livros e continuar sozinhos, os que seguem seu próprio *pathos*, seu próprio caminho. Só eles possuem a suprema arte da leitura.

Ensinar a ler em direção ao desconhecido

A escrita de Nietzsche propõe-se explicitamente a funcionar como um mecanismo de inclusão e de exclusão de seus possíveis leitores. As condições que estabelece para conceder o acesso a seus livros são enormemente severas. Isso é assim porque Nitzsche sabe muito bem que não somente se escreve para ser compreendido, como, também, para não o ser; e sabe que não se tem que tentar ser compreendido por qualquer um; sabe também quão difícil é encontrar leitores que estejam à sua altura e quantos são os leitores com orelhas de burro, de mãos rudes, de olhares míopes, de maneiras apressadas. Como Cristo depois da parábola, Nietzsche se interrompe e diz para si mesmo: "os que tiverem olhos para ver que vejam, os que tiverem ouvidos para ouvir que ouçam",[30] e duvida, e nos faz duvidar de nossos olhos e de nossos ouvidos. Sabe que seus "verdadeiros leitores", seus "leitores predestinados", talvez ainda não existam porque são homens ainda fictícios, são o anúncio e a prefiguração dos homens do futuro. Por isso, Zaratustra foi escrito "para todos e para ninguém",[31] O Anticristo pertence aos que são menos e "talvez não tenha nascido nenhum a partir deles",[32] e o *Ecce Homo*, o último livro, afirma dolorosa e orgulhosamente: "*non legor, non legar* (não sou lido, não serei lido)".[33]

---

[30] Do *Evangelho segundo São Mateus*, 13, 3b-9.

[31] "Um livro para todos e para ninguém" é o subtítulo de *Assim falou Zaratustra*.

[32] NIETZSCHE, 1974, p. 25.

[33] NIETZSCHE, 1971, p. 56.

Visto que necessita produzir seus próprios leitores, Nietzsche apresenta-se a si mesmo como um mestre na arte da leitura. E sabe que ensinar a ler de outra forma é educar o homem por vir, o homem do futuro. Porém ensinar a arte da leitura não é transmitir um método, um caminho a seguir, um conjunto de regras práticas mais ou menos gerais e obrigatórias para todos. Aprender a ler não é chegar a ler como Nietzsche lê, nem sequer ler Nietzsche do modo como Nietzsche, na ausência de leitores, se lê constantemente a si mesmo. Não se pode impor um cânone para a leitura, como não se pode impor um estilo à escrita, ou como é inútil no campo moral legislar universalmente. Não existe uma "leitura em si", como tampouco existe um "estilo em si", ou uma "moral em si". Nietzsche evita a imposição em todas as suas formas. A tarefa de formar um leitor é multiplicar suas perspectivas, abrir seus ouvidos, apurar seu olfato, educar seu gosto, sensibilizar seu tato, dar-lhe tempo, formar um caráter livre e intrépido... e fazer da leitura uma aventura. O essencial não é ter um método para ler bem, mas saber ler, isso é: saber rir, saber dançar e saber jogar, saber interiorizar-se jovialmente por territórios inexplorados, saber produzir sentidos novos e múltiplos. A única coisa que pode fazer um mestre de leitura é mostrar que a leitura é uma arte livre e infinita que requer inocência, sensibilidade, coragem e talvez um pouco de maldade. O resto será decidido pelo discípulo seguindo seu próprio temperamento, seu próprio estilo, sua própria curiosidade, suas próprias forças, seu próprio caminho... e o "que tira" de seus próprios encontros. Todos os livros ainda estão para serem lidos e suas leituras possíveis são múltiplas e infinitas; o mundo está para ser lido de outras formas; nós mesmos ainda não fomos lidos.

Mundus est fabula

A questão de como ler Nietzsche atravessa obsessivamente a escrita de Nietzsche. E também a questão de como ler em geral: não somente os livros, mas também o mundo e o próprio homem. O mundo e o homem não são textos?[34] O mundo é duplamente infinito, visto que à sua infinitude material acrescenta-se a infinitude de interpretações das quais é suscetível;[35] e o homem é capaz de se ver a si próprio somente quando os artistas o ensinam a olhar-se à distância e de longe, quando põem-no diante de si mesmo convertido em uma superfície legível, em um texto que tem de aprender a ler, a interpretar.[36] Nem o mundo nem o homem são suscetíveis de uma exegese definitiva, não podem ser lidos de uma vez por todas; seu sentido é inesgotável, seu mistério infinito. E, talvez, a esse infinito se possa chamar interpretação, leitura. Blanchot diz isso, articulando três palavras: "o mundo: o infinito do interpretar – ou também, interpretar o infinito: o mundo".[37]

Em *A genealogia da moral*, Nietzsche presume ser o primeiro a ter lido de outra maneira "toda a longa e dificilmente decifrável escrita hieroglífica do passado da Humanidade".[38] A moral, diz Nietzsche, é uma semiótica e uma sintomatologia, uma linguagem cifrada, um texto difícil e enganador que se tem de aprender a ler evitando-se cair em suas armadilhas, evitando uma leitura ao pé da letra que tome por fatos ou por realidades definitivas o que não são mais do que interpretações próprias de culturas e de tendências vitais diferentes:

> [...] a própria moral é unicamente uma interpretação de certos fenômenos [...], uma interpretação equivocada. [...] O juízo moral não deve ser tomado nunca ao pé da letra [...]. Mas, enquanto semiótica, não deixa de ser inestimável: revela, pelo menos para o entendido, [...] culturas e interioridades que não sabiam o bastante para "entender-se" a si mesmas. A moral é meramente um falar por signos, meramente uma sintomatologia".[39]

---

[34] Sobre o textualismo nietzscheano, ver Scrift (1990), especialmente o capítulo 3, (*The French Scene*), e o capítulo 4 (*Derrida: Nietzsche against Heidegger*).

[35] NIETZSCHE, 1979, p. 237.

[36] Idem, p. 72.

[37] BLANCHOT, 1970, p. 270.

[38] NIETZSCHE, 1972b, p. 24.

[39] NIETZSCHE, 1973, p. 71-72.

Se o texto da moral, esse texto inscrito em nosso próprio corpo e cuja origem podemos ler no passado da Humanidade, se esse texto é agora uma interpretação, trata-se então de atrever-se a lê-lo de outra maneira, de forçá-lo a mostrar um sentido diferente.

E ler de outra maneira é viajar de outro modo: "trata-se de percorrer com perguntas totalmente novas e, por assim dizer, com novos olhos, o imenso, longínquo e tão escondido país da moral". E, em seguida, ele acrescenta: "e não vem isto a significar quase o mesmo que descobrir pela primeira vez tal país?".[40] Porque Nietzsche interrogou de outro modo o texto da moral, porque o percorreu com olhos diferentes, por isso pôde ler de outro modo. Uns olhos novos e umas perguntas novas convertem o mundo (o livro) em desconhecido. Por isso, Nietzsche pode se apresentar como o primeiro leitor, como o descobridor de um mundo novo. Não foi ele também o primeiro que leu Sócrates, o primeiro que leu o cristianismo, o primeiro que lhes fez as perguntas justas, o primeiro que os viu com olhos precisos, o que os tratou como textos ainda não lidos?

O mundo nietzscheano não é nem "real" nem "aparente". Ao eliminarmos – primeiro por desconhecido e em seguida por supérfluo – o mundo verdadeiro, "eliminamos também o aparente".[41] O mundo nietzscheano é um conjunto de signos ou de sintomas suscetíveis de múltiplos sentidos. Nas palavras de Deleuze: "à dualidade metafísica da aparência e da essência [...] Nietzsche opõe a correlação de fenômeno e sentido".[42] E sempre existe uma pluralidade de sentidos. Sempre existe um texto já escrito e já lido que temos de aprender a ler de outro modo. Uma e outra vez, infinitamente, porque não existe uma leitura final e definitiva que dê sentido verdadeiro: "detrás de cada caverna, uma caverna

---

[40] NIETZSCHE, 1972b, p. 24.

[41] NIETZSCHE, 1973, p. 52.

[42] DELEUZE, 1971, p. 10.

mais profunda ainda – um mundo mais amplo, mais estranho, mais rico, situado além da superfície, um abismo detrás de cada fundo, detrás de cada fundamentação. [...] Toda filosofia esconde também uma filosofia; toda opinião é também um esconderijo; toda palavra, também uma máscara".[43] Sempre há outras leituras possíveis, perspectivas novas. E a arte da leitura não consiste em reconstituir o sentido verdadeiro da moral, da Antiguidade, do homem ou do mundo, visto que tudo isso já são interpretações. Não existem mais que textos suscetíveis de leituras infinitas. Porque todo texto, como o mundo, como o próprio homem é fluido, é um devir que nunca se aproxima ao ser, pois não existe ser, um movimento que nunca se aproxima à verdade, pois não existe verdade. O mundo é uma fábula; seus sentidos, infinitos; a leitura, uma arte.

O corpo do leitor

Lê-se com os olhos, mas também com o olfato e com o gosto, com o ouvido e com o tato, com o ventre, inclusive com a ajuda de martelos e bisturis. O leitor ao qual Nietzsche aspira lê com todo o corpo e não só com as partes "altas" privilegiadas pela hierarquia dos sentidos imposta pela tradição metafísica: os olhos e a mente, o espírito em suma. Nietzsche trabalha o corpo inteiro do leitor, fazendo com que em sua descrição da leitura intervenha um amplíssimo registro sensorial.

O texto, naturalmente, faz ver, comunica uma visão, ensina a ver as coisas de certa maneira, transmite perspectivas, mostra a realidade a partir de certo ponto de vista, a partir de certa distância, enfatiza certos perfis e esfumaça outros, distribui cores.[44] Ler bem é saber ver tudo aquilo que o texto mostra, e também adivinhar o que a literalidade do texto não

---

[43] NIETZSCHE, 1972, p. 249.
[44] NIETZSCHE, 1979, p. 157-158.

mostra, isto é, a força que expressa. Mas também é saber distinguir o valor das distintas óticas textuais: contradizer os pontos de vista medíocres que nos mostram uma realidade plana e sem perfis; as perspectivas dogmáticas que nos dão a realidade completamente esclarecida, sem contradição e sem mistério; as visões supostamente "desinteressadas" que nos dão uma realidade sem paixão, sem orientação. Ler bem é olhar ativamente, olhar com olhos múltiplos e interessados, saber utilizar "a diversidade das perspectivas e das interpretações nascidas dos afetos". Porque "quanto maior for o número de afetos aos quais permitamos dizer sua palavra sobre uma coisa, quanto maior for o número de olhos, de olhos diferentes que saibamos empregar para ver uma mesma coisa, tanto mais completo será nosso 'conceito' dela, tanto mais completa será nossa 'objetividade'".[45] O erro é tomar como o melhor olhar, como o olhar mais puro e mais desinteressado, mais objetivo, aquele que é o mais medíocre, o mais unilateral e o mais dogmático. A objetividade, diz Nietzsche, não se consegue buscando um único ponto de vista, mas se aprende multiplicando as perspectivas, aumentando o número de olhos, utilizando formas afetivas de olhar, dando à visão uma maior pluralidade, uma maior amplitude, uma paixão mais forte. E, também, um sentido da distância, da calma, da lentidão. Nietzsche afirma que uma das tarefas mais importantes para as quais se necessita de educadores é o aprender a ver:

> Aprender a ver – habituar o olho à calma, à paciência, a deixar-que-as-coisas-aproximem-se-de-nós: aprender a aplacar o juízo, a rodear e abarcar o caso particular a partir de todos os lados [...] Aprender a ver, tal como eu entendo isso, já é quase aquilo que o modo afilosófico de falar denomina vontade forte: o essencial nisto é, precisamente, o poder não "querer", o poder contrariar a decisão.[46]

---

[45] NIETZSCHE, 1972b, p. 138-139.
[46] Nietzsche, 1973, p. 82-83.

Mas também temos que saber cheirar as palavras, sermos capazes de captar seus aromas mais voláteis e mais dispersos,[47] saber distinguir o tipo de odor que as impregna: o cheiro de incenso,[48] o cheiro de quartel, o cheiro de colégio. O próprio Nietzsche relaciona sua própria condição de filólogo com uma hipersensibilidade olfativa e um extremado sentido de limpeza que lhe faz perceber imediatamente os maus odores das entranhas de uma alma ou de um livro, embora se ocultem sob uma superfície bem educada e impoluta.[49] É preciso saber perceber a qualidade e o puro ar que emana dos livros, rechaçar os livros de atmosfera fechada e que cheiram a ranço; aclimatar-se às palavras que trazem o ar rude, seco, leve, livre e frio das alturas.[50]

É preciso ter "orelhas pequenas" para ouvir músicas inauditas e captar as harmonias mais delicadas e, melhor ainda, é preciso saber usar, como Ariadne, a "terceira orelha" dos discípulos de Dionísio, aquela que recebia a revelação.[51] É preciso saber captar o timbre com o qual o livro fala, porque "*cada espírito tem seu som*": há livros que falam baixo e livros que falam alto, livros de tom grave e de tom agudo[52] e talvez poderíamos acrescentar: livros que soam secos e sincopados como ordens militares, melífluos e ameaçadores como prédicas religiosas, confusos e mentirosos como mitenes políticos, falsos e ocos como tagarelices publicitárias.

É preciso ler com dedos delicados[53] mesmo que, às vezes, tenhamos de saber ler com os punhos.[54] E não temos que

---

[47] NIETZSCHE, 1984, p. 162-163.
[48] Idem, p. 136.
[49] NIETZSCHE, 1971, p. 33.
[50] Idem, p.16-17. Também NIETZSCHE, 1972b, p. 127.
[51] *El lamento de Ariadna* (em *Las poesías de F. Nitzsche*, de Trías et alii, 1972, p. 239).
[52] NIETZSCHE, 1972b, p. 127.
[53] NIETZSCHE, 1981, p. 9.
[54] NIETZSCHE, 1971, p. 60.

poupar aos livros a crueldade da mesa de dissecção, o contato com a faca,[55] com as pinças e com os escalpelos.[56] Às vezes, "é preciso fazer perguntas com o martelo".[57]

A arte da leitura está também intimamente relacionada com o sentido do gosto e com a saúde da digestão. Ler bem é comer bem: saber escolher os livros que se ajustem à própria natureza e opor-se aos outros, ler livros variados, ler com prazer e com frugalidade, assimilar o essencial e esquecer o resto, tomar a leitura como algo que aumenta a própria força – e evitar o que a debilita –, dedicar-lhe o tempo justo – e não convertê-lo em atividade essencial. Por isso, ensinar a ler bem é, em primeiro lugar, educar o sentido do gosto. Educar o sentido do gosto é formar um critério de eleição suficientemente delicado para aceitar o que é bom e refutar o resto: o bom leitor é o que tem o gosto não corrompido, o que sente asco ante certas leituras, o que as refuta fisicamente, o que não pode suportá-las.

A educação do sentido do gosto expressa também o que em *Ecce Homo* se chama o "instinto de autodefesa", isso é, o não permitir que se aproximem de nós aquelas coisas às quais teríamos que dizer não. O instinto de autodefesa consiste em "separar-se, distanciar-se daquilo ao qual se teria de dizer não uma e outra vez".[58] A debilidade de semelhante instinto nos obriga a esbanjar o tempo e a energia em finalidades negativas e reativas, nos obriga a converter-nos em ouriços, "porém ter farpas é uma dilapidação, inclusive um luxo duplo quando somos donos de não ter farpas, mas sim mãos abertas".[59] O excessivo trato com os livros, encarnado na figura do erudito, é a imagem que Nietzsche propõe como

---

[55] NIETZSCHE, 1972, p. 156.
[56] NIETZSCHE, 1984, p. 69.
[57] NIETZSCHE, 1973, p. 28.
[58] NIETZSCHE, 1971, p. 49.
[59] Idem, p. 50.

exemplo dos efeitos perversos do abrandamento do instinto de autodefesa. O erudito que lê todo o livro, que

> [...] não faz outra coisa senão revolver livros – o filólogo corrente, uns duzentos por dia –, acaba por perder íntegra e totalmente a capacidade de pensar por conta própria. Se não revolve livros, não pensa. Responde a um estímulo (um pensamento lido) quando pensa, – ao final a única coisa que faz é reagir. O erudito dedica toda a sua força a dizer sim ou não, à crítica de coisas já pensadas – ele mesmo já não pensa... O instinto de autodefesa abrandou-se nele; em caso contrário, defender-se-ia contra os livros.[60]

O leitor capaz de dançar

"A primeira coisa que olho para julgar o valor de um livro [...] é se anda, ou melhor ainda, se dança".[61] Os livros dos especialistas não podem dançar, nem sequer podem andar despreocupadamente ou saltar ao ar livre, e naturalmente não podem subir montanhas e chegar até a essa altura onde os caminhos se fazem complicados e o ar, difícil de respirar. Sua escrita indica algo pesado e oprimido que oprime e esmaga o leitor: um ventre fundido e um corpo inclinado, uma alma que se encurva; uma habitação pequena e sem ventilação, de atmosfera carregada, de teto baixo; formalidade e mau-humor, movimentos cansados, falta de liberdade...e "vê-se sua corcunda, pois todo especialista tem corcunda".[62] Prisioneiro do ponto de vista único que domina e que o domina, escravo dos caminhos trilhados que conhece a dedo mas que impõem a ele o seu percurso. Porque dominar uma ciência é estar dominado por ela: viver sob seu abrigo seguro, mas demasiado estreito e já escasso; olhar com suas garras de eficácia comprovada, mas

---

[60] Ibidem.
[61] NIETZSCHE, 1979, p. 225.
[62] NIETZSCHE, 1979, p. 226.

limitadas e sempre imóveis; avançar lenta e pesadamente com seu passo firme e seus métodos carentes de dificuldade, até objetivos modestos e previstos de antemão; mas por caminhos que não permitem sair de seu traçado, nem aspirar a metas incertas e ainda desconhecidas.

Mas tampouco dançam nem fazem dançar os livros "hábeis e flexíveis" dos literatos. A não ser que confundamos com uma dança esses gestos que fazem "ao dobrar a coluna [...] como mancebos do armazém do engenho e representantes da cultura".[63] Os literatos movem-se com maior rapidez, mas seus movimentos estão cheios das reverências dos que buscam o aplauso adulando o leitor, dos passinhos engenhosos dos que se acreditam inteligentes e divertidos, das artimanhas teatrais dos que querem agradar e pretendem entreter, das maneiras afetadas e servis dos que pretendem triunfar na sociedade, da fadiga dos que se esforçam para satisfazer, cobrando por isso as "necessidades de cultura" da época, dos gestos solenes e cerimoniosos dos que creem representar a cultura, da mímica inquieta e assustadora, atravessada de má consciência, de quem teme que se revele o vazio de cultura que existe sob os falsos brilhos da representação da cultura.

Os especialistas e os literatos descritos no parágrafo 366 de *A Gaia ciência*, como consumidores e produtores de livros que não fazem dançar, correspondem aos eruditos e aos jornalistas, contra os quais se dirigem as repreensões de Nietzsche em *Sobre o futuro de nossas escolas*. Ali, Nietzsche denuncia o quase inevitável duplo jogo da educação nas disciplinas das assim chamadas Humanidades; daquelas que consistem, justamente, em fazer ler e em ensinar a ler, em iniciar pessoas na cultura: o jogo da erudição e o jogo do jornalismo.

O erudito representa o nanismo intelectual, o ir daqui para lá consultando livros mas sem conseguir nunca "receber uma impressão insólita ou ter um pensamento decente",[64] o

---

[63] Idem, p. 226-227.
[64] NIETZSCHE, 1977, p. 112.

falar dos livros, mas sem saber escutar o que têm para dizer. Representa, também, os efeitos da divisão de trabalho nas ciências e a proletarização intelectual, e "é semelhante ao operário de fábrica, que durante toda a sua vida não faz outra coisa que determinado parafuso e determinada mangueira, para determinado utensílio ou determinada máquina, no que indubitavelmente chegará a ter incrível maestria".[65] O erudito não necessita talento nem verdadeira cultura, nem sequer requer um gosto educado e uma sensibilidade afinada, e lhe basta a segurança de alguns métodos comumente aceitos e a cobiça de um terreno de especialização limitado. E produz, no melhor dos casos, outros eruditos:

> [...] outros pequenos estudiosos de sânscrito, ou outros brilhantes diabinhos em busca de etimologias, ou outros desenfreados inventores de conjecturas, sem que, apesar de tudo, nenhum deles esteja em condições de ler por prazer, como fazemos nós, os velhos, o nosso Platão ou o nosso Tácito.[66]

O jornalista, por seu lado, representa a pseudocultura, a aceleração, a indisciplina intelectual, a superficialidade, a imaturidade, o espírito plebeu da divulgação. O jornalista é o que opina sobre tudo e sobre todos, o que fala de qualquer coisa, o que tem opiniões próprias, mas nada mais que opiniões, o que se instala

> [...] nesse viscoso tecido conjuntivo que estabelece as articulações entre todas as formas de vida, todas as classes, todas as artes, todas as ciências, e que é sólido e resistente como pode sê-lo precisamente o papel de jornal.[67]

O jornalista é o que se subordina às leis da moda, às demandas do mercado, ao gosto da opinião comum. E produz afetação, autossatisfação e opinionites, e a ilusão

---

[65] Idem, p. 62.
[66] NIETZSCHE, p. 114.
[67] Idem, p. 64.

vaidosa de ter uma personalidade livre e um pensamento próprio e original.

Entre a especialização cientificista e o jornalismo, os Institutos de Humanidades, diz Nietzsche, são lugares em que se semeia

> [...] essa erudição que se poderia comparar com a inchação hipertrófica de um corpo doente. Os institutos são os lugares onde se transplanta essa obesidade erudita, quando não degeneraram até o ponto de converterem-se nas palestras dessa elegante barbárie que hoje pode pavonear-se com o nome de "cultura alemã da época atual".[68]

Em lugar de capacidade de dançar, obesidade e afetação. Dançar e fazer dançar é uma qualidade da escrita aforística. Em primeiro lugar, por sua brevidade e por sua jovialidade. Mas a brevidade do aforismo não é do tipo da brevidade superficial e vazia de conteúdo, meramente engenhosa, que seduz os espíritos ligeiros que querem dançar demasiado rápido; do mesmo modo sua alegria não é do tipo que buscam aqueles que querem rir logo em seguida. A dança é sempre a recompensa de uma longa preparação: sua jovialidade é o resultado de um esforço sério, ascético e laborioso;[69] sua leveza é produto da rara arte de remoer:

> [...] um aforismo, se está bem cunhado e fundido, não fica logo "decifrado" pelo fato de ser lido; ao contrário, então é quando deve começar sua interpretação, e para realizá-la necessita-se uma arte da interpretação. [...] Naturalmente, para praticar este modo de leitura como arte necessita-se, antes de mais nada, uma coisa que é precisamente, hoje em dia, a mais esquecida [...], uma coisa para a qual tem-se que ser quase um bovino e, em todo caso, não um "homem moderno": o ruminar.[70]

---

[68] NIETZSCHE, 1977, p. 114-115.
[69] NIETZSCHE, 1972b, p. 25.
[70] Idem, p. 26.

O aforismo expulsa o periodista e o literato; envia-os aos temperamentos ligeiros que querem ir mais depressa, aos que somente são capazes de uma gesticulação vazia e apressada, aos quais não se pode levar a sério sua jovialidade nem ruminar lentamente sua instantaneidade. E expulsa também o especialista que, com espírito pesado e sério, somente busca algum conteúdo doutrinal do qual apropriar-se, alguma verdade para acrescentar às que já possui, alguma coisa mais, de cujo conhecimento possa vangloriar-se.

O aforismo não oferece conteúdos, não dá verdades, não proporciona conhecimentos. A escrita que dança e que faz dançar comporta-se com os problemas de um modo tonificante "como com um banho frio: entrar e sair",[71] porque o frio dá ligeireza e tensiona os músculos enquanto que a água quente adormece e relaxa, produz flacidez e movimentos lentos, falta de reflexos. O aforismo *"fere a fundo e encanta a fundo* o leitor atento",[72] relaciona-se imediata e intuitivamente com suas vivências, com seu temperamento; permite tantas leituras, como leitores; evita a dogmática da obra entendida como uma totalidade fechada que tem um único sentido; põe em questão a própria ideia de autor como dono de sua significação; suscita a multiplicidade e a renovação constante das interpretações; move o leitor na direção de si mesmo. O aforismo "é a forma do pensamento pluralista",[73] do que desencadeia leituras e sentidos novos através de solicitações instantâneas e múltiplas. E o aforismo, com sua frugalidade, com sua falta de gordura e de maneirismo, é justamente o tipo de alimento espiritual de que necessita o leitor que sabe dançar:

> [...] não há fórmula capaz de determinar a quantidade de alimentos de que necessita uma inteligência; se por suas aficções inclina-se para uma independência, para

---

[71] NIETZSCHE, 1979, p. 244.

[72] Idem, p. 25.

[73] DELEUZE, 1971, p. 48.

> uma chegada repentina, para uma partida rápida, para as viagens, talvez para as aventuras, para as quais só têm aptidão os mais velozes, preferirá sustentar-se com frugal alimento ao invés de viver farta e assujeitada. O que o bom bailarino pede como sua alimentação não é gordura, mas uma grande agilidade e um grande vigor, e nada pode apetecer melhor o gênio de um filósofo que ser um bom bailarino. A dança é seu ideal, sua arte particular e, por último, sua única piedade, seu "culto".[74]

O que faz falta é uma linguagem ágil e em movimento, para um leitor ágil e em movimento, de pés ligeiros. Ensinar a pensar é ensinar a bailar. E ensinar a pensar não é definitivamente ensinar a ler e a escrever, a escutar e a falar? Não é ensinar a bailar com a voz e com a caneta, com os ouvidos e com os olhos?

> [...] para pensar se requer uma técnica, um plano de ensino, uma vontade de maestria, – que o pensar deve ser aprendido como deve ser aprendido o dançar, como uma espécie de baile [...] Quem conhece já por experiência, entre os alemães, esse sutil estremecimento que os pés ligeiros no espiritual transfundem a todos os músculos! [...] Não se pode descontar, de fato, da educação aristocrática o dançar em todas as suas formas, o saber bailar com os pés, com os conceitos, com as palavras; temos de dizer ainda que também se deve saber bailar com a pena, – que tem de se aprender a escrever?[75]

Nitimur in vetitum[76]

Para ler bem, é preciso ter todos os sentidos afiados, é preciso pôr tudo o que cada um é e é preciso ter aprendido a dançar. Mas faz falta também um certo temperamento, uma

---

[74] NIETZSCHE, 1979, p. 244-245.

[75] NIETZSCHE, 1973, p. 84.

[76] "Lançamo-nos em direção ao proibido". A sentença é de Ovídio e Nietzsche a utiliza como um lema em várias ocasiões.

certa força vital. Nietzsche esboça às vezes o caráter do bom leitor e, quando o faz, sai uma espécie de herói, embora, isso sim, sem poder e sem glória, porque sabe que o poder o torna estúpido e o aplauso das massas lhe é indiferente. Em *Ecce Homo*, destaca sua valentia, sua autoexigência, sua curiosidade, sua flexibilidade e sua astúcia, qualidades todas elas do aventureiro e do explorador de territórios desconhecidos, daquele que rejeita os caminhos seguros e conhecidos e atreve-se a internar-se por lugares nos quais nenhum caminho está traçado. O leitor retratado em *Ecce Homo* assemelha-se a Ulisses. E, para defini-lo, Nietzsche utiliza palavras de Zaratustra:

> [...] a vós, os audazes buscadores e indagadores, e a quem quer que alguma vez tenha se lançado com astutas velas por mares terríveis; a vós, os bêbados de enigmas, que gozais da luz do crepúsculo, cujas almas são atraídas com flautas a todos os abismos labirínticos; pois não quereis, com mão covarde, seguir tateando um fio e que, ali onde podeis adivinhar, odiais o deduzir...[77]

E também se parece com um herói aventureiro o leitor retratado no prólogo de *O Anticristo:*

> Tem que se ser honesto até a dureza [...] Tem que se estar treinado a viver sobre as montanhas – e a ver sob si a miserável charlatanaria atual [...] Tem que se ter tornado indiferente, tem que não se perguntar jamais se a verdade é útil, se se converte em uma fatalidade para alguém... Uma predileção da força por problemas para aqueles a quem hoje nada tem valor; o valor do proibido; a predestinação ao labirinto. Uma experiência feita de sete solidões. Ouvidos novos para uma música nova. Olhos novos para o mais longínquo. Uma consciência nova para verdades que até agora permaneceram mudas. E a vontade de economia de grande estilo: guardar unida a força própria, o entusiasmo próprio... O respeito a si mesmo; o amor a si mesmo; a liberdade incondicional frente a si próprio.[78]

---

[77] NIETZSCHE, 1971, p. 61. NIETZSCHE, 1972a, p. 223-224.

[78] NIETZSCHE, 1974, p. 25-26.

O leitor moderno, parece dizer Nietzsche, é um homem do rebanho: suas buscas carecem de audácia visto que só se propõe objetivos pequenos, limitados e conhecidos de antemão; seus métodos são caminhos seguros e bem delimitados, e não conhece o infinito do mar onde nenhum caminho está traçado; em lugar da astúcia, suas qualidades são a constância e a boa vontade; não conhece a embriaguez e se conforma com o trabalho forçado e com os prazeres sensatos; ignora os enigmas porque só sabe fazer a si perguntas às quais possa antecipar a resposta; não se deixa seduzir nem se desviar de seu caminho; foge dos labirintos porque lhe agradam os itinerários retos e, em todo caso, se alguma vez cai em um labirinto, não o explora mas, sim, busca uma saída; segue os fios que outros lhe estendem e se ata a eles; só aceita o caminho seguro da dedução e a olhada superficial do explícito; é indolente e pouco exigente consigo mesmo; tem um certo espírito gregário e se sente seguro e bem vestido por pertencer a escolas, a tendências e a grupos; só busca o útil e não se arrisca; move-se sempre nos limites do convencional e do permitido; só sabe ouvir o que já lhe foi dito, ver o que já foi visto e pensar o que já se pensou. O leitor moderno é pequeno, metódico, gregário, pragmático e trabalhador; só é capaz de seguir os hábitos estabelecidos e as regras comuns; só lê o que já foi lido.

Como se chega a ser o que se é

A escrita de Nietzsche cria um mestre da leitura ou, o que é o mesmo, um mestre de dança, um incitador à aventura, um educador do homem por vir a ser. Como "o gênio do coração", o mestre da leitura é um sedutor, um tentador, um "devorador nato das consciências". Suas virtudes: fazer emudecer ao que é ruidoso, ensinar a escutar ao que se compraz a si mesmo, dar novos desejos às almas rudes, ensinar a delicadeza às mãos torpes e a dúvida às mãos apressadas. Ensina, portanto, o silêncio da leitura, a atenção e a humildade da leitura, a paixão da leitura, a delicadeza e a lentidão da leitura, a abertura da leitura. O mestre da leitura é o iniciador aos segredos daquela atividade

> [...] de cujo contato todo mundo sai mais rico, não agraciado e surpreendido, não beneficiado e oprimido como por um bem alheio, mas sim mais rico de si mesmo, mais novo do que antes, removido, arejado e surrupiado por um vento leve, talvez mais inseguro, mais delicado, mais frágil, mais quebradiço, porém cheio de esperanças que ainda não têm nome, cheio de nova vontade e novo fluir, cheio de nova contravontade e novo refluir.[79]

Chega a ser o que és! Talvez a arte da educação não seja outra senão a arte de fazer com que cada um torne-se em si mesmo, até sua própria altura, até o melhor de suas possibilidades. Algo, naturalmente, que não se pode fazer de modo técnico nem de modo massificado.[80] Algo que requer adivinhar e despertar, as duas qualidades do gênio do coração, do mestre que "adivinha o tesouro oculto e esquecido, a gota de bondade e de doce espiritualidade escondida sob o gelo grosso e opaco e é uma varinha mágica para todo o grão de ouro que ficou longo tempo sepultado na prisão de muito lodo e areia".[81] Algo para o qual não há um método que sirva para todos, porque o caminho não existe. Se ler é como viajar, e se o processo da formação pode ser tomado também como uma viagem na qual cada um venha a ser o que é, o mestre da leitura é um estimulador para a viagem. Mas a uma viagem tortuosa e arriscada, sempre singular, que cada um deve traçar e percorrer por si mesmo.

---

[79] NIETZSCHE, 1971, p. 65. O fragmento é uma citação de *Para além do bem e do mal* (NIETZSCHE, 1972, p. 252).

[80] NIETZSCHE, 1984, p. 195. O espírito aristocrático de Nietzsche deve ser entendido como a aguda consciência da impossibilidade de qualquer educação que passe pelo funcionamento homogêneo e homogeneizador de um sistema de massas.

[81] NIETZSCHE, 1971, p. 65.

Nas palavras de seu Zaratustra:

> Por muitos caminhos diferentes e de múltiplos modos cheguei eu à minha verdade; não por uma única escada subi até a altura onde meus olhos percorrem o mundo. E nunca gostei de perguntar por caminhos, – isso, ao meu ver, sempre repugna! Preferiria perguntar e submeter à prova os próprios caminhos. Um ensaiar e perguntar foi todo meu caminhar – e, na verdade, também tem-se de aprender a responder a tal perguntar! Este é o meu gosto: não um bom gosto, não um mau gosto, mas meu gosto, do qual já não me envergonho nem o escondo. "Este – é meu caminho, – onde está o vosso?", assim respondia eu aos que me perguntavam "pelo caminho". O caminho, na verdade, não existe![82]

---

[82] NIETZSCHE, 1972a, p. 272.

Como se chega a ser o que é.
Para além da Bildung

> *Fazer sonhar intensamente aqueles que, em geral, não sonham, e submergir na atualidade àqueles em cujo espírito prevalecem os jogos perdidos do sonho.*
>
> René Char

As palavras que gostaria hoje aqui de repetir, dar para ler, dar para ler outra vez, outra vez, novamente, para que digam, talvez, coisas distintas, aparecem várias vezes, com leves modificações, no corpus nietzscheano: "*wie man wird, was man ist*", "como se chega a ser o que se é" ou, "como se vem a ser o que se é". Essa frase, como se sabe, traduz um lema das *Odes Píticas* de Píndaro, esse imperativo que poderíamos reescrever como "converte-te no que és!" ou, "transforma-te no que és!". Nietzsche traduz para o alemão uma frase grega; converte, na ocorrência que acabo de citar, a mais conhecida, a do subtítulo do *Ecce Homo,* sua forma imperativa em interrogativa, como indicando o que tem de problemático; reescreve-a com suas próprias mãos e em sua própria letra no cabeçalho desse livro no qual contou sua vida a si mesmo; e assina-a com seu próprio nome. Porém isso não é tudo.

A frase aparece pela primeira vez na obra de Nietzsche, em grego, no imperativo e em epígrafe, em um trabalho juvenil sobre Teognis; é um dos lemas da terceira intempestiva; volta a aparecer, com diferentes modulações, no parágrafo 263 de *Humano, demasiado humano* e nos parágrafos 270 e 335, de

A Gaia Ciência; escreve outra vez, novamente, em *O convalescente* e em *A oferenda de mel* de *Assim falou Zaratustra*; aparece, também, em algumas das cartas de Nietzsche a seus amigos; e, naturalmente, como que dobrando, ampliando e fazendo delirar o subtítulo do *Ecce Homo*, escreve novamente no famoso parágrafo 9 de *Por que sou tão inteligente*. Se, além disso, considerássemos o uso, o comentário, o deslocamento ou a paródia que Nietzsche faz frequentemente do que poderiam ser frases similares, como, por exemplo, "encontrar-se a si próprio", "descobrir-se a si próprio", "buscar-se a si próprio", "formar-se a si próprio", "cultivar-se a si próprio", "fazer-se a si próprio" ou, inclusive, "conhecer-se a si próprio", a lista de ocorrências seria logo interminável.

Nietzsche, "o ouvido mais fino do Ocidente", como dizia Lezama, escutou, seguramente muito jovem, essa frase de Píndaro, seguramente a leu, sublinhou-a, comentou-a e copiou-a, isolando-a assim de todo esse murmúrio de citações, comentários e paráfrases que constitui a cultura clássica de um jovem aprendiz de filólogo. A reescrita dessa frase atravessa a obra de Nietzsche, porém, dizendo cada vez coisas diferentes, ou talvez, mais radicalmente, à maneira de Derrida, com um sentido que é cada vez, de novo, indeciso[1] e, portanto, cada vez, de novo, por decidir, funcionando ao acaso como uma fórmula,[2] como um enunciado sempre

---

[1] É justamente famoso o exercício que faz Derrida (1978) com a frase "esqueci o guarda-chuva" que Nietzsche anotou em uma folhinha de papel para concluir que seu significado "não o saberemos nunca.

Ou ao menos poderemos não sabê-lo nunca, e há que se levar em conta esta impossibilidade, esta impotência" (p. 107). E Borges também sabia que o sentido é sempre indecidido. Recorda-se se no exercício que faz em *A fruição literária* (1928), cuja frase "o incêndio, com ferozes mandíbulas, devora o campo" é atribuída sucessivamente a um poeta ultraísta argentino, a um poeta chinês ou siamês, ao testemunho ocular de um incêndio real e ao poeta grego Ésquilo, raciocinando, em cada caso, os motivos da atribuição, em função do significado do texto. Ou, esse prodígio de reflexão sobre a impossibilidade de "chegar ao texto" que é *Pierre Menard, autor del Quixote* (BORGES, 1971).

[2] No sentido que Deleuze dá, a essa palavra, no texto que dedica a *Bartleby*, de Melville, em *Critique et clinique* (DELEUZE, 1993).

demasiado cheio ou demasiado vazio que, em sua seca literalidade, em sua aparente simplicidade, multiplica-se, ramifica-se, dispersa-se, contamina-se com tudo o que entra em contato com ele, separa-se de si próprio e, finalmente, explode a partir de seu interior. E talvez nossa tarefa seja, agora, a leitura dessa frase de Nietzsche, escrita na língua de Nietzsche e com as palavras de Nietzsche, assinada *Nietzsche*, porém, para reescrevê-la em nossa própria língua, e com nossas próprias palavras; talvez, inclusive, com nossa própria assinatura.

A ideia de formação

Até aqui a fórmula. O que vou fazer a partir daqui, para dar para ler e para dar, talvez, em que pensar, é reescrevê-la como um emblema da ideia de formação, da ideia de *Bildung*, dessa ideia que Gadamer, no começo de *Verdade e Método*,[3] considera como o maior pensamento do século XVIII, e que sem dúvida constitui a última elaboração literária, pedagógica e filosoficamente nobre do que hoje chamamos educação.[4]

Como se sabe, a ideia de *Bildung* articula-se, ao mesmo tempo, em três unidades de discurso diferentes. Em primeiro lugar, na Filosofia, sobretudo na Filosofia da História e na Filosofia da Cultura ou do Espírito; nesses tópicos que dão à Ilustração alemã esse tom neo-humanista tão característico e tão fecundo em consequências para nossa compreensão

---

[3] GADAMER, 1984, p. 37.

[4] A operação poderia ser tomada como ponto de partida para um exercício, que não vou começar aqui, e que deixarei somente sugerido, que consiste em se estabelecer uma tensão e, ao mesmo tempo, uma relação entre *Paideia* e *Bildung*. Traduzindo Píndaro, deslocando até o presente, uma frase que poderia carregar-se com todas as modulações da *Paideia*, o que faria Nietzsche, seria fazer funcionar uma certa ideia, desde logo interessada, tomada da Grécia, contra Alemanha, como para fazer explodir essa ideia ou essa constelação de ideias, tão rica e tão complexa, que nomeamos com a palavra *Bildung*. O motivo seria de novo Grécia (ou uma certa imagem de Grécia) contra Alemanha, o passado (ou uma certa imagem do passado) contra o presente, *Paideia* contra *Bildung*.

das Ciências Humanas, isto é, daquelas disciplinas que se configuram a partir de uma materialidade textual e histórica, daquelas disciplinas cujo objeto é um texto, que só se pode acessar através de seu desdobramento temporal. Em segundo lugar, a ideia de *Bildung* articula-se, também, na Pedagogia, especialmente no discurso que se produz em torno do papel formativo das humanidades, e em um momento em que se está constituindo o bacharelado humanista, ou de letras, que é dominante na Europa até bem recentemente, até o triunfo irreversível de uma ideia de educação mais pragmática, mais instrumental e mais técnico-científica. E, em terceiro lugar, a ideia de *Bildung* articula-se, também, narrativamente em um subgênero de novela, na novela de formação, no *bildungsroman*, nesse subgênero narrativo que tem seu modelo no *Wilhelm Meister*, de Goethe, e que se apresenta como o relato exemplar do processo pelo qual um indivíduo singular, em geral um homem jovem, de boa família, terminados os seus estudos, abandona sua própria casa junto com o destino que lhe está previsto e viaja até si mesmo, até seu próprio ser, em um itinerário cheio de experiências, em uma viagem de formação que reproduz o modelo da escola da vida ou da escola do mundo. Essa viagem é, também e ao mesmo tempo, uma viagem interior de autodescobrimento, de autodeterminação e de autorrealização.

Sabe-se que Nietzsche intervém no primeiro e no segundo desses lugares discursivos. Nietzsche combate o historicismo, a história dos historiadores, a concepção histórica tradicional da cultura, do "Espírito", e dá ao futuro um modo de interrogar o passado e de voltá-lo contra o presente cujas potencialidades ainda estão para serem desenvolvidas. Nietzsche, também, se insere, vigorosamente, na crítica da cultura e das instituições de cultura de seu tempo. Poderíamos dizer que Nietzsche faz explodir a ideia de *Bildung* que permeava a construção histórica de sua própria identidade espiritual que estava fazendo a Alemanha de seu tempo (e a Humanidade de seu tempo, se entendemos por Humanidade aquela ideia universal, aquela figura do pensamento, que constroem os filósofos alemães para nomearem-se a si mesmos e, por extensão, a todos os homens e povos da terra). Ele faz explodir, também, a ideia de *Bildung* que sustentava as tranquilas e reputadas instituições culturais, educativas e de formação, do potentíssimo humanismo de sua época. Porém, eu vou usar aqui a frase de Píndaro como emblema do *bildungsroman*. A partir desse ponto de vista, a *Bildung* poderia ser entendida como a ideia que subjaz ao relato do processo temporal pelo qual um indivíduo singular alcança sua própria forma, constitui sua própria identidade, configura sua particular humanidade ou, definitivamente, converte-se no que é.[5]

O ponto de vista da leitura

Até aqui o texto, e o ponto de vista de sua leitura, ou de sua reescritura. A partir de agora continuarei com esse formato tão antigo, tão potente e ao mesmo tempo, depois de Nietzsche, tão suspeito, que é o comentário. Há uma passagem no *Ecce Homo* em que Nietzsche constrói a imagem do leitor perfeito como "um monstro de valor e curiosidade, e, além disso, uma coisa dúctil, astuta, precavida, um aventureiro e um descobridor nato".[6] E, em seguida, cita uma passagem de Zaratustra na qual este define a quem dirige suas palavras mais enigmáticas.[7] Nesse

---

[5] Para uma caracterização de *bildungsroman* como gênero, e a partir do ponto de vista da construção da imagem de herói, o clássico continua sendo o texto fragmentário de Bakhtin (1990, p. 200-247): *A novela de educação e sua importância na história do realismo.*

[6] NIETZSCHE, 1971, p. 60.

[7] O parágrafo é o seguinte: "A vós, os audazes buscadores e indagadores, e a quem quer que alguma vez se tenha lançado com astutas velas a mares terríveis; a vós, os ébrios de enigmas, que gozais com a luz do crepúsculo, cujas almas são atraídas com flautas a todos os abismos labirínticos; pois não quereis, com mão covarde, seguir tateando um fio e que, ali de onde podeis advinhar, odiais o deduzir".

parágrafo, prevê-se: Ulisses, Dionísio, e, como modelo do leitor sistemático, covarde, Teseo e seu "seguir tateando um fio". O que vou fazer em continuação é "seguir um fio", o fio das diferentes aparições da fórmula na obra de Nietzsche e, seguindo esse fio, vou tentar mostrar a explosão da idéia de *Bildung* tal como essa ideia, ou uma determinada configuração dessa ideia, subjaz no modelo clássico do *bildungsroman*.

E vou "seguir o fio", combinando duas perspectivas ou, se se quer, superpondo duas vozes, de maneira que uma se reflita sobre a outra. A primeira voz é a de alguns fragmentos do texto nietzscheano tomados em ordem cronológica, e segundo três cortes que correspondem a: *Schopenhauer como educador*, *A Gaia Ciência*, e *Assim falou Zaratustra*. Nessa voz, tentarei dar a ler o sentido que o *dictum* de Píndaro tem em cada um desses momentos. Porém, como já disse anteriormente, o imperativo de Píndaro funciona no *Ecce Homo* no interior de um relato retrospectivo, em que Nietzsche nos conta como tornou-se o que é, isto é, o vir a ser "Nietzsche" de Nietzsche. Há, portanto, uma segunda voz, na qual Nietzsche reflexiona sobre os distintos momentos de seu itinerário, em direção a si mesmo. E resulta que um dos traços característicos do *bildungsroman* é, precisamente, esse funcionamento reflexivo do relato, no qual, o processo de "chegar a ser o que se é" do protagonista aparece como dobrado sobre si mesmo e, contado, em dois planos ao mesmo tempo, o plano sucessivo dos acontecimentos e o plano reflexivo, construído a partir do final, em que cada um dos momentos temporais é mostrado a partir de seu resultado. Essa é justamente a temporalidade de *Bildung*, uma temporalidade que não tem uma forma linear, digamos progressiva, na qual os acontecimentos anteriores repercutem sobre os posteriores, mas uma forma permanentemente reflexiva na qual são os acontecimentos posteriores, e as formas de consciência posteriores, os que repercutem sobre os anteriores, em um processo constante de ressignificação retrospectiva. Desse modo, ao final do relato, o protagonista alcança a plena autocompreensão e a plena autopossessão. O que ocorre é que, como veremos, o modo como essa dobra ocorre em Nietzsche não tem a forma de um último recolhimento em si, de uma última autoapropriação, mas, melhor dizendo, de uma explosão, de um estouro, de uma expropriação.

O que vou fazer, então, é fazer alguns cortes na obra de Nietzsche, concretamente, nos lugares nos quais aparece o enunciado de Píndaro, e armar com esses cortes uma espécie de relato de formação que destaque alguns fios do vir a ser "Nietzsche" de Nietzsche e, ao mesmo tempo, que mostre como este relato faz explodir a ideia mesma de formação, de *Bildung*, que subjaz aos relatos clássicos do gênero.

O momento negativo

A primeira aparição de certa entidade da fórmula em questão encontra-se na terceira intempestiva, nesse livro que, como disse Colli, "não se dirige àqueles que lêem para relaxar. E tampouco, aos que lêem para ampliar seus conhecimentos. É um livro destinado aos que ainda têm algo para decidir acerca de sua vida e sua atitude ante a cultura".[8] E não há dúvida de que *Schopenhauer como educador* transpira por todos os seus poros inquietude e desassossego, porém também decisão e autoexigência, e seguramente muito desse tom impostado, arrogante, combativo, às vezes inflamado, e sempre um tanto autocomplacente, que é próprio da juventude.[9] Uma paráfrase do início do livro nos pode dar algumas chaves.

---

[8] COLLI, 2000, p. 33.

[9] Não quero dizer com isso que se trate de um escrito "juvenil". Porém é verdade que Nietzsche adota a posição de um jovem quando se coloca à sombra de Schopenhauer, como já havia feito no artifício retórico da recordação de uma experiência de juventude que articula as conferências de Basiléia reunidas em *Sobre el porvenir de nuestras escuelas*. Recorde-se a frase: "Ponhamo-nos na situação de um jovem estudante...", com a qual praticamente inicia a primeira conferência (NIETZSCHE, 1977, p. 37).

Nietzsche disfarça-se aí de moralista e começa, nada mais, nada menos, que com uma valorização da humanidade de seu tempo. E para isso, para tomar distância, para adotar uma perspectiva panorâmica, para olhar, digamos, a partir do exterior, dando a si mesmo um ponto de vista geral, um plano geral, utiliza a máscara do viajante:

> Ao se perguntar a ele quais traços comuns havia encontrado nos homens, o viajante, que havia visto muitos povos e países e muitas partes do mundo, respondeu: têm uma tendência geral à preguiça. Alguns pensaram que pudesse ter explicado melhor e com mais certeza: todos são covardes. Ocultam-se atrás de seus costumes e opiniões.[10]

A figura do viajante, do expectador errante, do homem que atravessa o mundo sem formar parte dele, daquele que está entre nós, mas que não é um de nós, permite a Nietzsche contemplar o rebanho a partir do exterior, apontá-lo com o dedo e qualificá-lo com esses dois atributos, a preguiça e a covardia, que vão servir imediatamente de negativo, de fundo acinzentado, para destacar, como exigência, seus antônimos.

Depois desse primeiro plano panorâmico, objetivo, o ponto de vista se desloca até o interior do animal humano para nos dar uma perspectiva particular, subjetiva, a partir do interior, não logo do agrupamento, mas de cada um dos indivíduos que o compõem:

> No fundo, todo homem sabe muito bem que só está uma vez, enquanto exemplar único sobre a terra, e que nenhuma casualidade, por singular que seja, reunirá novamente, em uma única unidade, essa que ele mesmo é, um material tão assombrosamente diverso. Sabe-o, porém, esconde, como se se tratasse de um remorso de consciência.[11]

---

[10] NIETZSCHE, 2000, p. 25.

[11] Ibidem. É justamente célebre a crítica efetuada por Schopenhauer, em *El mundo como voluntad y representación*. Aí o remorso aparece como a dissociação entre a consciência e sua própria vontade. Nietzsche, não obstante, vai modelar essa figura a partir do desgosto de si mesmo dobrado de impotência. Justamente o contrário que a afirmação da vida.

O que Nietzsche nos dá aqui é um primeiro olhar sobre a consciência, sobre esse dispositivo de subjetivação o qual vai submeter mais adiante, em outras obras, a uma investigação genealógica e psicológica enormemente potente. Retoricamente está começando a construir uma oposição entre o homem como animal gregário, homogêneo, maciço, intercambiável, exterior, e o homem como ser singular, heterogêneo, particular, único, interior. E vai estabelecer a questão da subjetivação como uma luta entre o convencionalismo do agrupamento e a ânsia de singularidade do indivíduo. Uma luta na qual perdem os preguiçosos e os covardes. Tudo isso em um esquema muito viril, muito heroico, muito agônico, muito grandiloquente, muito dicotômico, muito convencional, porém, retoricamente, muito eficaz para os fins de uma escrita de combate.

Umas poucas linhas mais adiante, aparecem destacados os dois personagens que vão atuar como aliados dos "bons", dos "heróis", nesse combate contra a indigência do presente: o artista e o filósofo. O artista, perito em singularidades, capaz de expressar a beleza do particular, do incomparável, vai ajudar aos "bons" dando-lhes uma imagem única de si mesmos:

> Somente os artistas odeiam este indolente deixar-se ir por força do convencionalismo e opiniões prestadas, e descobrem o secreto, a má consciência de cada um. Saber que cada homem é um mistério único. Atrevem-se a nos mostrar o homem tal como é até em seus movimentos musculares, tal como ele e só ele é. E não apenas isso, mas também que é formoso e digno de consideração, novo e incrível como toda obra da natureza, e de modo algum aborrecido, em conseqüência estrita de seu caráter único.[12]

O filósofo, por seu lado, capaz da generalização e do juízo, vai lhes ensinar a arte da valoração e, portanto, o desprezo: "Quando o grande pensador despreza os homens, despreza sua preguiça, toda vez que precisamente por causa

---
[12] NIETZSCHE, 2000, p. 25-26.

dela parecem mercadorias feitas em série, seres indiferentes, indignos de serem tratados e educados."[13]

E aí, ao final do parágrafo, uma vez desenhados o campo de batalha e os personagens que o compõem, soa por fim a chamada à luta, o *voto solene* que inicia o devir de Nietzsche em Nietzsche, o imperativo de liberação: "O homem que não quer pertencer à massa só necessita deixar de comportar-se comodamente consigo mesmo e obedecer à sua consciência que lhe grita: 'Sê tu mesmo. Tudo o que agora fazes, opinas e desejas, nada tem a ver contigo'".[14]

Até aqui o parágrafo. A seção continua alternando avaliações negativas sobre a época, e chamadas exaltadas à liberação, e formulando sem parar os lugares-comuns de uma ética individualista, de uma ética da autenticidade, com alguns acentos existenciais, uma ética dessas, nas quais não se trata tanto da definição das normas do comportamento, ou da lista de uma série de virtudes, mas, também, o problema é, melhor dizendo, o do que fazer com a própria existência, com a própria vida, sabendo-a contingente, arbitrária e finita, carente de necessidade, carente de destino. Essa apelação à voz da consciência da qual surge o imperativo de ser sujeito acentua essa sensação de solidão, de heroica solidão, como a condição de partida de um sujeito que não pode confiar agora nem na religião, nem na sociedade, nem no Estado, para encontrar seu próprio caminho. E, ao final dessa seção introdutória, depois de formular a pergunta de "como nos reencontramos a nós mesmos, como é dado ao homem conhecer-se?"[15], Nietzsche propõe uma série de exames de consciência que inclui um olhar reflexivo até os próprios educadores, e que servirá como transição para um deslocamento do olhar até Schopenhauer, e, através de Schopenhauer, até a filosofia como forma de vida e como disciplina de liberação e intensificação da vida, ou, se se quer, como disciplina da indisciplina.

---

[13] Idem, p. 26.
[14] NIETZSCHE, 2000, p. 25-26.
[15] Idem, p. 28.

Não resta dúvida de que *Schopenhauer como educador* é um documento de combate.[16] Talvez por isso o *dictum* de Píndaro aparece aqui como premissa de uma negação. E a negação é, justamente, o ponto de partida convencional do *bildungsroman*. Ao princípio da novela, o jovem protagonista aparece inquieto, solitário, mal-humorado, impaciente, em uma espécie de mal-estar indefinido. Sua inquietude coloca-o à margem de todos aqueles que sabem quem são, ou, pelo menos, o que querem. De alguma maneira, leva agora em sua cara o sinal do expatriado. Só necessita um impulso que o coloque em movimento. E esse impulso vem geralmente de um viajante, de um *Wanderer*, cuja única função é despertar no jovem a nostalgia do longínquo, a nítida sensação de que a vida está em outra parte. O viajante vem de longe para interromper a comodidade do habitual e do acostumado, para produzir a diferença entre o que se é (e agora se está deixando de ser, porque começou a ser estranho e insuportável, radicalmente alheio), e o que se vem a ser.[17] O viajante desfaz o que se é, separa o jovem protagonista de seu mundo e de si mesmo, e o lança a um vir a ser, aberto e indefinido. Por isso, se dá algum "exemplo", não é porque ele encarne uma ideia de homem que possa ser tomada como *Bild*, como modelo de formação. O viajante é o mestre do negativo: não ensina nada, não convida a ser seguido, simplesmente dá a distância e o horizonte, o "não" e o impulso para se caminhar. O imperativo de Píndaro não é outra coisa senão o voto solene que inicia o vir a ser "Nietzsche" de Nietzsche, uma espécie de autopromessa

---

[16] Nietzsche caracteriza freqüentemente as *Intempestivas* como belicosas. Por exemplo: NIETZSCHE, 1971, p. 73.

[17] No *Ecce Homo*, Nietzsche fala da terceira intempestiva como do lugar onde está escrito seu devir. O parágrafo merece ser transcrito: "Agora que volto o olhar a partir de uma certa longitude às situações das quais estes escritos são testemunho, não gostaria de negar que, no fundo, falam meramente de mim. [...] em 'Schopenhauer como educador' está inscrita minha história mais íntima, meu 'vir a ser'. Sobretudo meu voto solene! [...] Oh!, quão longe ainda me encontrava eu, então, 'do que' sou hoje, 'do lugar' em que me encontro hoje!" (NIETZSCHE, 1971, p. 77).

sem conteúdo, uma autodeclaração que não declara nada, uma autoexigência ainda vazia, mas que contém em si uma força excêntrica, um primeiro movimento negativo. Talvez, por isso, *Schopenhauer como educador* é, ao mesmo tempo, Nietzsche e sua antítese.[18]

Por isso, e além de todas as vacilações do texto de Nietzsche quando tenta formular uma ideia-guia ou uma ideia-promessa que acompanhe esse itinerário exemplar até ele mesmo, além da sombra de Schopenhauer, devemos considerar o que nega. E a radicalidade de sua negação. Não vou repetir a lista de negações que em *Schopenhauer como educador* são formuladas com extraordinário vigor combativo. Tudo o que compõe seu "aqui" e seu "agora", sua pátria e seu presente, e, principalmente, tudo o que deveria estar a serviço da formação, as instituições de cultura e os assim chamados "mestres", aparecem como um perigo de morte para essa *Bildung* que está começando a afirmar-se como princípio de vida, como desejo de vida, como "saúde", como força vital. A formação só poderá realizar-se intempestivamente, contra o presente, inclusive contra esse eu constituído, cujas necessidades, desejos, ideias e ações não são outra coisa que o correlato de uma época indigente. A luta contra o presente é também, e sobretudo, uma luta contra o sujeito. Para "chegar a ser o que se é" há que combater o que já se é. Porém, o sentido dessa luta é afirmativo. Qual é a natureza dessa afirmação? Naturalmente, nada que tenha a ver com o saber, com o poder ou com a vontade. Ao menos, se entendemos "saber", "poder" e "vontade" como os atributos de um sujeito que sabe o que é e o que quer, e que é capaz de sobreimpor sua própria vontade a qualquer outra vontade que pretenda determiná-lo. Por isso a dimensão construtiva do "chegar a ser o que se é" não pode encontrar-se, nem no *Nosce te Ipsum* socrático-platônico-cristão, nem no *Sapere*

---

[18] "quem aqui fala não é, no fundo, 'Schopenhauer como educador', mas sua antítese, 'Nietzsche como educador'". (NIETZSCHE, 1971, p. 78).

Aude que Kant havia colocado como a chave da Ilustração entendida como narrativa de emancipação. É sabido que a *Bildung* nietzscheana rejeita explicitamente o imperativo de "conhecer-se a si mesmo" e desconstrói, deslocando-o, o imperativo de "ter o valor de servir-se do próprio entendimento". O Nietzsche afirmativo nos situa em outro tipo de conhecimento e outro tipo de coragem que, por acaso, podem ser lidos nesse *Nitimur in Vetitum*, nesse "nos lançamos no sentido do proibido", tomado de Ovídio, que Nietzsche utiliza em tantas ocasiões.

Há uma passagem na terceira intempestiva, na qual a dimensão afirmativa de *Bildung* fica como insinuada e incompreendida. O parágrafo, que mereceria ser lido em sua totalidade, fecha a terceira seção do livro, aquela na qual Nietzsche vai desfiando os "perigos mortais" que um homem deve sortear para "converter-se no que é". Uma vez sorteados todos esses perigos, aparece a pergunta essencial, a do valor da vida. E aí, não se trata agora de condenar o que impede a vida, mas de afirmar a vida. Nesse ponto, Nietzsche escreve:

> [...] o próprio gênio era invocado agora para saber se podia justificar o fruto máximo da vida, talvez inclusive a própria vida: o homem grande e criador deve dar resposta a estas perguntas: "Lanças no mais fundo do teu coração esta exigência? É suficiente para ti? Queres ser seu porta-voz, seu salvador? Um único e verdadeiro sim de tua boca, e a vida, sobre a qual tão graves acusações pendem, ficará absolvida". Quem responderá? A resposta de Empédocles.
>
> [...]
>
> É possível que esta última insinuação não seja por enquanto compreendida. Porém, o que agora me importa é algo muito compreensível, a saber, explicar como podemos nos formar, todos nós, contra nossa época..."[19]

---

[19] NIETZSCHE, 2000, p. 53.

Empédocles ou a dificuldade do "sim". O que não se pode compreender "por enquanto". Porque, "por enquanto" é questão do "não" e da saída de casa, o momento do abandono crítico do próprio sujeito. A afirmação trágica da vida, a resposta de Empédocles, só pode se dar em outro lugar, em outro momento, com outras condições.[20]

A experiência como imperativo

Vamos agora com a segunda aparição da fórmula em dois fragmentos de *A Gaia Ciência*. O parágrafo 270 limita-se a repetir o imperativo de Píndaro e, também, assim como na terceira intempestiva, como um *dictum* da consciência. "Que diz tua consciência? – 'Deves vir a ser o que és'".[21] Mas é um parágrafo que deve ser lido no contexto dos últimos aforismos do final do livro III, entre o 266 e o 275, em uma série travada na qual se formula um destino para o vir a ser, que inclui a reavaliação dos valores e a afirmação de si, como condições de possibilidade para chegar a ser o que se é. Além disso, se fazemos ressoar tudo isso com o outro parágrafo no qual aparece a fórmula, com o 335, sua amplitude e sua profundidade se fazem quase vertiginosas.

No parágrafo 335, é o Nietzsche genealogista o que vai reescrever o *dictum* de Píndaro. O parágrafo, relativamente longo no contexto dessa lição de condição aforística que é *A Gaia Ciência*, começa assim:

> Viva a Física! – Quantos homens existem, que sabem observar? E entre os poucos que o sabem – quantos observam-se a si mesmos! "Cada um é para si mesmo o mais distante" – isso sabem, para seu desassossego, todos os que põem à prova, os rins dos homens. A máxima: "Conhece-te a ti mesmo" é, colocada na boca de um deus e dirigida aos homens, quase uma maldição.[22]

---

[20] Sabe-se que Nietzsche leu fascinado os diferentes projetos de *A morte de Empédocles*, escrito por Hölderlin. Sabe-se que tentou escrever, ele mesmo, um Empédocles e que, talvez, dessa tentativa surgiu Zaratustra.

[21] NIETZSCHE, 1985, p. 157.

[22] Idem, p. 192.

Depois dessa arrancada, Nietzsche dedica-se a desmontar esse dispositivo chamado consciência de um modo que ressoa estranhamente com o Foucault da introdução ao *Uso dos Prazeres,* concretamente com essa última seção quase metodológica na qual se distinguem várias dimensões para o estudo das formas e as transformações da relação com o sujeito.[23] Há "uma consciência que está por trás de tua 'consciência'", diz Nietzsche, e que constitui algo assim como suas condições genéticas de fabricação: instintos, inclinações, experiências e inexperiências constituem o fundo inconsciente da consciência. O que a consciência diz, esse imperativo de "venha a ser o que és", está carregado de pressupostos que têm que se desmontar cuidadosamente: "se tivesses pensado mais sutilmente, se tivesses observado melhor e aprendido mais, sob nenhuma circunstância terias continuado chamando dever e consciência a esse 'dever' teu e a esta 'consciência' tua".[24] Porém, ademais, há muitas formas de seguir o ditado da consciência. Pode-se obedecer à consciência "de cem maneiras diferentes". E muitas dessas maneiras expressam o trabalho de forças reativas: pobreza de ânimo, falta de individualidade, teimosia, convencionalismo, vaidade. Reconhecemos agora o Nietzsche da distinção de forças; ao que se deu, agora, uma perspectiva para valorizar os valores. E são as forças reativas do animal gregário as que constroem a má ficção do imperativo categórico, do egoísmo enfermo, do egoísmo que não é outra coisa senão cegueira e mesquinhez, debilidade de espírito, incapacidade de distinguir. E termina:

> [...] mas nós queremos chegar a ser o que somos – os novos, os únicos, os incomparáveis, os que-se-dão-leis-a-si-mesmos, os que se-acreditam-a-si-mesmos! E para isso temos que chegar a ser os melhores aprendizes e descobridores de todo o legal e necessário no mundo: temos que ser físicos, para poder ser criadores.[25]

---

[23] FOUCAULT, 1984, p. 32-39.

[24] NIETZSCHE, 1985, p. 193.

[25] NIETZSCHE, 1985, p. 194-195.

Para chegarmos a ser o que somos, temos que levar em uma mão o escalpelo da Física, a máquina de distinguir cuidadosamente e de destruir impiedosamente, e, na outra, a capacidade de criação, o espírito de Arte. E é esse espírito o que se sugere, por exemplo, no parágrafo 290, aquele que começa com estas palavras: "Só é necessário uma coisa – 'Imprimir estilo a seu caráter', é uma arte com que raras vezes tropeçamos",[26] ou no 299, o qual se intitula "O que se deve aprender dos artistas", e que termina assim: "entre eles habitualmente acaba essa sua sutil força ali onde acaba a arte e começa a vida; porém nós queremos ser os poetas de nossa vida e, em primeiro lugar, do menor e do mais cotidiano".[27] O "chegar a ser o que se é" está aqui do lado da liberdade entendida como vontade de Arte. E a *Bildung* começa a mostrar também sua dimensão estética ou poética, sua face de autocriação artística.

A fórmula "chegar a ser o que se é" tornou-se para nós agora paradoxal. Por um lado, não descreve agora um processo de "chegar a ser"/"tornar-se" que conduz a um resultado, ao "que se é". Nietzsche sabe agora que o vir a ser não flui no ser e que deve ser afirmado como puro vir a ser, sem referência a um ser estável e estabelecido que determinaria sua verdade. Por outro lado, esse "o que se é" não é agora nenhuma "realidade". Nietzsche agora não distingue entre ser e aparência e o "chegar a ser o que se é" não tem nada a ver com nenhuma "realização de essências ou de potências preexistentes". Por último, "o que se é" não está agora do lado da unidade, mas da multiplicidade ou, melhor, dessa unidade na multiplicidade, dessa singularidade múltipla que é a obra de arte.

Isso que somos e que temos de chegar a ser não é agora nem *objeto* – não é uma "realidade" de nenhum tipo, nem subjetiva nem objetiva – e nem sequer uma *ideia* que teríamos que "realizar"; isso que somos e que temos de chegar a ser

---

[26] Idem, p. 167.
[27] Idem, p. 173.

está claramente do lado da invenção. O homem é um animal de invenção, e as diferentes formas de consciência não são senão produtos dessa função inventiva, dessa capacidade de invenção. Por isso, Nietzsche não distingue realidade e ficção, mas a ficção má, enferma, e a ficção boa, sã, em função da qual está sua relação com a vida. Haveria então uma ficção má, temerosa e negadora da vida, e uma ficção boa, afirmativa, produtora de novidade, de intensidade, criadora de possibilidade de vida.

O "chegar a ser o que se é" não está agora do lado da lógica identitária do autodescobrimento, do autoconhecimento ou da autorrealização, mas do lado da lógica desidentificadora da invenção. Uma invenção, não obstante, que não se pensa a partir da perspectiva da liberdade criadora do gênio, da soberania de um sujeito capaz de criar-se a si próprio, mas a partir da perspectiva da experiência ou, melhor, da experimentação. Se o início do *bildungsroman* tem a forma da negação, sua trama tem a forma da experiência. E a experiência é o que nos passa e o modo como nos colocamos em jogo, nós mesmos, no que se passa conosco. A experiência é um passo, uma passagem. Contém o "ex" do exterior, do exílio, do estranho, do êxtase. Contém também o "per" de percurso, do "passar através", da viagem, de uma viagem na qual o sujeito da experiência se prova e se ensaia a si mesmo. E não sem risco: no *experiri* está o *periri*, o *periculum*, o perigo. Por isso a trama do relato de formação é uma aventura que não está normatizada por nenhum objetivo predeterminado, por nenhuma meta. E o grande inventor-experimentador de si mesmo é o sujeito sem identidade real nem ideal, o sujeito capaz de assumir a irrealidade de sua própria representação e de submetê-la a um movimento incessante ao mesmo tempo destrutivo e construtivo. Por um lado, o "desprender-se de si", esse "perder o rosto" que Foucault modulou de tantas maneiras. Por outro lado, a "experimentação" no sentido que essa palavra tem nas artes "experimentais". E, no meio, um sujeito que já não se concebe como uma substância dada, mas como forma a compor, como uma permanente transformação de si, como o que está sempre por vir.

Na terceira intempestiva, o "como chegar a ser o que se é" estava sob o signo da negação. Em *A Gaia Ciência*, no entanto, está sob o signo da travessia, da experiência, da prova, do itinerário singular que conduz até o sujeito. No *Ecce Homo*, esse livro está apresentado como uma passagem entre *Aurora* e *Assim falou Zaratustra*. É, portanto, um livro ponte, umbral, colocado sob o signo de São Januário (*Sanctus Januarius*), como signo de começo, e sob o signo de Jano como signo da duplicidade. O caráter duplo do livro tem a ver, em primeiro lugar, com a união não-dialética entre a alegria, a cara sorridente de Jano, e a ciência, sua cara séria; com a aliança, em suma, entre a luminosidade e a graça afirmativa por um lado e a gravidade e a profundidade do saber por outro. Mas tem, também, a ver com a coexistência da perspectiva do começo e da abertura do vir a ser por um lado, e a perspectiva da decadência e da crítica do presente por outro. Talvez, a totalidade do espírito de *A Gaia Ciência* possa ser encontrada na passagem entre o livro III e o IV, entre essas frases graníticas do final do livro III, com as quais se reduz a fórmula, pela primeira vez, a um destino para todos os tempos[28] e do começo do livro IV, na promessa de afirmação e na declaração de *Amor fati* que Nietzsche se presenteia a si mesmo, como voto para o ano novo (parágrafo 276) e no poema a São Januário que o precede e que o próprio Nietzsche reescreve no *Ecce Homo*: "Tu que com dardo de fogo rompeste o gelo de minha alma para que agora esta, com estrondo, se lance ao mar de sua suprema esperança".[29] A lança de fogo descongelou o que ainda era Wagner ou Schopenhauer, o que ainda restava de niilismo. Finalmente, a ciência mais cruel, mais lúcida, mais sóbria e mais implacável se fez plenamente

---

[28] NIETZSCHE, 1971, p. 92.
[29] NIETZSCHE, 1985, p. 91.

alegre, e a alegria mais afirmativa, mais eufórica e mais vital se fez completamente sábia. Finalmente, Nietzsche pode receber Zaratustra.

O silêncio e o riso

A terceira aparição da frase está em dois lugares do Zaratustra. Está em "O convalescente" – uma das últimas seções da terceira parte do livro; aquela da conversação entre Zaratustra e seus animais, a águia e a serpente, sobre o eterno retorno – e em "A oferenda do mel" – a seção que abre a quarta e última parte do livro; aquela na qual ressoa o episódio evangélico em que Cristo nomeia seus discípulos como pescadores de homens. Porém, *Assim falou Zaratustra* é, entre outras muitas coisas, um relato: o relato da própria formação de Zaratustra, do processo pelo qual Zaratustra, através de uma série de experiências e metamorfoses, converte-se no que é. Por isso, não é indiferente o ponto justo do trajeto de aprendizagem de Zaratustra, no qual aparece o *dictum* de Píndaro. E sobretudo, não é indiferente em relação ao modo como, ao longo do livro, vai modificando sua compreensão de si mesmo, como mestre, e sua compreensão da natureza daquilo que ensina.

Não tentarei fazer um resumo do livro que situe o momento em que Zaratustra pronuncia a frase, mas sim direi que ele já não se considera tanto "mestre do super-homem", senão como "profeta do eterno retorno", isso é, que já teve lugar para ele "o pensamento abismal" que o faz possuidor do segredo da vida. Zaratustra compreendeu agora que sua própria concepção do super-homem, aquela que tinha na primeira parte do livro, estava apegada, ainda, a uma perspectiva histórica e antropológica, como se fosse uma meta, uma esperança, uma possibilidade, um caminho de futuro, de progresso, de perfeição, que se oferece aos homens através da morte de Deus e da desvalorização de todos os valores. Zaratustra abandonou, agora, o motivo da superação do homem pelo super-homem e começou a pensar nos termos da afirmação da vida como criadora de valores, em suma, nos termos da vontade de potência. E o pensamento do eterno retorno não é outra coisa senão a condição e a figura dessa relação afirmativa com a vida, capaz de elevar o homem à sua máxima intensidade vital. Por outro lado, teria de dizer, também, que Zaratustra não só deixou agora de pregar "para todos" em praça pública, mas que, também, abandonou seus discípulos e recorreu solitário e como aprendiz o caminho que o fará superar o que ainda ficava nele de niilismo. Antes de pronunciar o imperativo de Píndaro, Zaratustra realizou uma lenta aprendizagem que culmina, talvez, com os ditirambos do final da segunda parte, nos quais selou sua aliança nupcial com a vida, afirmando a aliança do devir e do retorno.

Vamos, agora, um pouco mais devagar. Quase ao final da terceira parte, na seção intitulada "O convalescente", Zaratustra experimenta em seu próprio corpo a dor e o estonteamento da revelação do eterno retorno e começa a elevar-se de novo. Trata-se do capítulo no qual "acaba o ocaso de Zaratustra" e começa para ele uma nova ascensão até o meio-dia. Pois bem, depois de sete dias de prostração, seus animais, a serpente e a águia, o saúdam assim: "teus animais sabem perfeitamente quem eras tu, Zaratustra, e o que tu chegarás a ser: eis aqui que tu serás o profeta do eterno retorno... Este é agora teu destino!".[30] A fórmula de "chegar a ser o que se é" aparece aqui no momento no qual Zaratustra recebe de seus animais a fórmula de seu destino, a fórmula de quem é e em quem se tornará. E essa nova formulação do destino de Zaratustra aparece no interior de uma conversação sobre o significado do eterno retorno, sobre o qual haveria duas coisas a assinalar. Em primeiro lugar, que os animais, que acreditam conhecer o significado do eterno retorno, falam dele nos mesmos termos de "A visão e o enigma", porém com a diferença essencial de que, ali, Zaratustra falava do eterno retorno como de uma indagação, como de um enigma, e aqui os animais falam

---

[30] NIETZSCHE, 1972a, p. 302-303.

como de uma resposta. Zaratustra os repreende, sorrindo, chamando-os de *caixinhas de música*, por terem transformado o enigma em um estribilho banal, em uma cantilena, em uma ideia qualquer. E quando os animais calam e aguardam que Zaratustra lhes diga algo, este não responde porque "não se deu conta de que eles calavam. Ao contrário, jazia em silêncio, com os olhos fechados, semelhante a um que dorme, embora agora não dormisse: pois conversava com sua alma".[31] E isso leva Heidegger a dizer que "cala-se, porque conversa com sua alma, porque encontrou seu destino e converteu-se no que é".[32] Como se só pela afirmação do eterno retorno fosse possível "chegar a ser o que se é". Porém uma afirmação que não é, em absoluto, a compreensão de uma doutrina, que não tem nada a ver com o saber, senão que deve ser feita, como Zaratustra, com todo o corpo e com toda a alma, com tudo o que se é. Só quando uma vontade puramente afirmativa atravessa "o que se é", o homem se converte em "o que é". E essa conversão não se resolve em tagarelice, nem em predicação, nem em doutrina, mas em silêncio ou em cântico. De fato, não há em *Zaratustra* nenhuma exposição positiva do "pensamento abismal", como se este fosse indizível ou, pelo menos, inexpressível a partir do ponto de vista da demonstração, ou da representação, e a única coisa que se pudesse fazer fosse experimentá-lo ou prová-lo pessoalmente.

Se, em *O convalescente* o "chegar a ser o que se é" se pronunciava a partir da reformulação, do destino do próprio Zaratustra como "profeta do eterno retorno", em *A oferenda de mel* a frase se pronuncia a partir da instauração de uma nova relação com os homens, que não tem nada a ver com aquela que, no princípio do livro, fez com que um Zaratustra solar, apolíneo, na plenitude de suas forças, descesse da montanha, declinasse como o sol, para iluminar a obscuridade do mundo com o ensino da doutrina de super-homem.

---

[31] NIETZSCHE, p. 304.
[32] HEIDEGGER, 1977, p. 247.

Zaratustra, agora, sobe uma montanha e, completamente só, depois de "rir de todo coração", parodia o motivo evangélico da pesca de homens. Não fala para todos, como quando falou na praça pública e teve que abandoná-la, decepcionado, ante a incompreensão do povo. Não fala tampouco para os discípulos, para aqueles que havia acreditado companheiros na criação dos valores, e aos que teve também que abandonar quando percebeu que o que queriam era crer em algo. Agora, pescando onde não se pode pescar, no alto de uma montanha, Zaratustra vai falar para ninguém. E vai falar também sem a pressão da atualidade e sem a pretensão da eternidade: "Mas eu e meu destino não falamos para 'hoje', nem tampouco falamos para nunca; temos paciência para falar, temos tempo, e mais do que tempo".[33] Zaratustra vai falar para o futuro, isso é, para o que não se sabe e não se espera, para o que não se pode antecipar, nem se prever, nem se prescrever, para o que está fora de qualquer expectativa, de qualquer projeto. E o que é que vai dizer? Nada. Zaratustra limita-se a lançar sua felicidade até o mundo dos homens:

> [...] até ele lanço eu agora meu caniço de ouro, dizendo: abre-te, abismo humano! Abre-te e arroja-me teus peixes e teus caranguejos cintilantes! Hoje pesco para mim com minha melhor isca os peixes mais raros! Lanço longe mesmo minha felicidade, disperso-a por todas as latitudes e longitudes, entre o Oriente, o meio-dia e o Ocidente, para observar se muitos peixes humanos aprendem a puxar e morder minha felicidade. Até que, mordendo meus afiados anzóis escondidos, necessitem subir até minha altura os mais chamativos góbios das profundidades, subir até o mais maligno dos pescadores de homens. Porque eu sou desde a raiz e desde o começo, puxando, atraindo, levantando, elevando, alguém que puxa, que cria e corrige, que não em vão, se diz a si mesmo, já faz tempo: 'Chega a ser o que és!' Portanto, que subam agora os homens até mim.[34]

---

[33] NIETZSCHE, 1972a, p. 324.

[34] NIETZSCHE, 1972, p. 323.

O *dictum* de Píndaro é agora a mensagem de um mestre que não diz nada e que não se dirige a ninguém. Zaratustra não oferece uma fé nova, mas uma exigência nova; não uma verdade da qual bastaria apropriar-se, mas uma tensão. Não lhe vale a generosidade enganosa e interessada daqueles que dizem dar algo – uma fé, uma verdade, um saber –, mas para oprimir com aquilo que dão, para fabricar discípulos ou crentes. Não faz mais do que enriquecer a cada um de si mesmo, desvelar o que cada um é e o que tem de melhor, elevar cada um à sua própria altura, procurar em suma que cada um chegue a ser o que é. Se Zaratustra, como educador, atrai os peixes, não é para atar os homens a si mesmo, para convidá-los a seguir-lhe, para convertê-los em discípulos, e tampouco para atá-los a si mesmos, a qualquer identidade pessoal "mesmificante", mas para elevá-los ao máximo deles mesmos, ao que há em cada um deles, que é maior que eles e, portanto, outra coisa que não eles. Diferente dos demagogos impacientes e buliçosos, diferente dos recrutadores de homens que sempre andam em grupos, Zaratustra tem o tempo, a paciência, a solidão e o silêncio do pescador. E não fala, nem como Cristo, nem como Sócrates; nem como um salvador do mundo que traz uma nova fé, nem como um apóstolo do bem, da beleza e da verdade que busca converter o olhar dos homens até as certezas luminosas do inteligível. O mestre puxa e eleva, até que cada um se volte até si e vá além de si mesmo, até que cada um chegue a ser o que é.

A explosão

Esse fio que tomamos no impulso negativo e no "voto solene" da terceira intempestiva e que nos levou até o riso e a alegria de Zaratustra tem seu epílogo nas duas aparições da fórmula no *Ecce Homo*. A primeira, no subtítulo, inseparável, portanto, do modo como Nietzsche quer lê-lo, de seu caráter ironicamente autobiográfico. Nietzsche abre *Ecce Homo* anunciando sua intenção de nos dizer quem é e, por isso, seu relato deverá contar seu próprio itinerário até si mesmo, esse processo cheio de rodeios e acasos, de divagações e extravagâncias, de aproximações e afastamentos, ao longo do qual se converteu no que é.

A estrutura de *Ecce Homo*, uma parte autobiográfica seguida de um comentário de suas próprias obras, remete imediatamente ao *Discurso do Método* cartesiano. Mas Nietzsche não pretende fixar um método seguro, nem uma via direta para chegar à verdade sobre si mesmo. Para Nietzsche, não há um caminho traçado de antemão, que só teria que seguir sem desviar-se para chegar a ser o que se é. O itinerário até o sujeito está por inventar, de uma forma sempre singular, e não pode evitar nem a incerteza nem os rodeios. Por outro lado, não é a razão que serve aqui de guia, pondo conscientemente as metas e os imperativos e prefigurando o caminho reto, mas, sim, os instintos, a força subterrânea do temperamento tipológico essencial:

> O chegar a ser o que se é pressupõe o não suspeitar nem de longe o que se é. A partir deste ponto de vista, têm seu sentido e valor próprios, inclusive, os desacertos da vida, os caminhos momentâneos secundários e errados, os atrasos, as "modéstias", a seriedade dilapidada em tarefas situadas além da tarefa. Em tudo isso, pode-se expressar uma grande prudência, inclusive a prudência maior: quando o *nosce te ipsum* (conhece-te a ti mesmo) seria a receita para morrer, então o se esquecer, o mal-se-entender, o diminuir-se, o aproximar-se, o mediocrizar-se transformam-se na própria razão.[35]

O subtítulo de *Ecce Homo* não só desloca a ideia cartesiana de método como o seguir um caminho traçado de antemão, mas que desloca, também, o projeto autobiográfico de Rousseau, em *As confissões*. Diferente de Rousseau, o chegar a ser o que se é não repousa sobre a observação introspectiva de si mesmo. Para Nietzsche, não há um eu real e escondido a descobrir. Atrás de um véu sempre há outro véu; atrás de uma máscara, outra máscara; atrás de uma pele, outra pele. O eu que importa é aquele que há sempre

---

[35] NIETZSCHE, 1971, p. 50-51.

além daquele que se toma habitualmente por sujeito: não está por descobrir, mas por inventar; não por realizar, mas por conquistar; não por explorar, mas por criar da mesma maneira que um artista cria uma obra. Para chegar a ser o que se é, tem que se ser artista de si mesmo.

Para isso há duas regras fundamentais.

A primeira é seguir o próprio instinto e deixar que vá trabalhando inconscientemente a força organizadora, essa força que

> [...] começa a dar ordens, nos tira lentamente, com sua guia, dos caminhos secundários e equivocados, prepara qualidades e capacidades singulares que alguma vez demonstraram ser indispensáveis como meios para o todo – ela configura, uma após a outra, todas as faculdades subalternas antes de deixar ouvir algo da tarefa dominante, da "meta", da "finalidade", do "sentido".[36]

O chegar a ser sujeito se prepara no inconsciente e, durante muito tempo, a consciência ignora o trabalho secreto do instinto e do modo como utiliza os rodeios para impor uma hierarquia e uma perspectiva dominante. Para chegar à própria meta, parece dizer Nietzsche, não tem que se saber aonde se vai, não tem que se deixar seduzir por finalidades demasiado concretas, por imperativos com os quais a consciência "se entende rapidamente", mas tem que se saber perder o tempo, vagabundear, não se esforçar por nada concreto, não se propor a uma finalidade, não aspirar a nada determinado.

A segunda regra é utilizar mestres, porém como pedras da sorte, como pretextos para a experimentação de si, que se tem de saber abandonar a tempo. No caso de Nietzsche "a agradável corrupção" de Ritschl, seu primeiro mestre de filologia, o primeiro sedutor; Schopenhauer, o outro grande tentador, o único modelo e o único exemplo na época da *Terceira Intempestiva*; e Wagner, ao mesmo tempo o "antídoto

---

[36] NIETZSCHE, 1971, p. 51.

para todo alemão" e um veneno do qual teve que aprender a escapar. Os mestres não são outra coisa senão a secreta astúcia de um caminho oblíquo, necessários para seguir essa arte das divagações, que não é um gasto inútil, mas uma obscura preparação. Mas se tem de saber deixá-los no momento oportuno, visto que não são modelos de identificação, mas astúcias para diferir de si próprio, para separar-se de si mesmo no processo tortuoso de chegar a ser o que se é.

Por isso, no relato do vir a ser "Nietzsche", de Nietzsche, que Nietzsche narra a si próprio, no umbral de seus quarenta e cinco anos há tantas precauções para que não seja tomado por outro. Porque ele próprio, antes de chegar a ser o que é, tomou-se por outros, passou por outros, afastou-se de si próprio em uma multidão de caminhos excêntricos. Todas essas figuras não são Nietzsche, mas, ao mesmo tempo, são Nietzsche, são o vir a ser múltiplo de Nietzsche, o Nietzsche do futuro. No *Ecce Homo,* Nietzsche empreende a tarefa impossível de distinguir o que a ele pertence propriamente e, aquilo que não foi senão passagens impróprias, desvios aberrantes. Como se quisesse se distinguir de todas as suas máscaras, assumindo-as, incorporando-as a seu próprio nome, em um exercício delirante no qual pretende dar a si mesmo uma unidade e um centro e um nome, mas que só pode atingir, separando-se e descentrando-se, explodindo em múltiplos nomes, em múltiplas figuras, em múltiplas assinaturas. No *Ecce Homo*, o relato do "chegar a ser o que se é" se formula em uma autobiografia que faz explodir o *autos*, como sujeito substancial e estável, e o *bios* como vida própria, pessoal, capaz de se submeter ao fio de um relato "razoável". E faz explodir, também, a escritura, a grafia, em um feixe de centelhas incandescentes.

Epílogo

Parece-me que um dos efeitos da "não-atualidade" de Nietzsche, dessa não-atualidade que, para Colli, é o núcleo paradoxal de sua existência e o elemento irrecuperável e injustificável de sua escritura, consiste em criar uma distância irreconciliável entre nós e nossas palavras. Colli fala da não-atualidade de Nietzsche como de uma impugnação radical do presente que nos leva a distanciar-nos de todos nossos problemas.[37] Foucault fala de uma estranheza de nós mesmos, de uma distância entre nós e nós próprios, de uma "dissociação sistemática de nossa identidade".[38] E Deleuze, falando de Foucault mas também de Nietzsche, constrói a não-atualidade como a produção de uma diferença entre o que somos – e agora estamos deixando de ser – e aquilo que viremos a ser e que sem dúvida nos é desconhecido.[39] E atravessando todas essas distâncias, todas essas dissociações, todas essas diferenças, todas essas estranhezas, gostaria agora de assinalar aquela que talvez seja a mais radical de todas: a que abre um abismo entre nós como seres falantes e algumas palavras que já não podemos chamar nossas.

A palavra *formação* é uma dessas palavras caídas. Caídas e esquecidas. A velha ideia de formação nos parece agora irremediavelmente anacrônica. Ademais, não podemos agora nem sequer tomá-la em seu antigo esplendor e em sua antiga solidez. Primeiro, porque pensadores como Nietzsche fizeram-na explodir definitivamente. Mas, também porque o próprio desenvolvimento do *bildungsroman* foi cavando implacavelmente tudo o que a sustentava. Às misérias de nosso presente só podemos lhe opor, agora, uma ideia caída. Mas talvez, enquanto caída, cheia de possibilidades.

---

[37] "Não se trata de ver para que nos serve o pensamento de Nietzsche, onde toca, enriquece, estimula os problemas modernos: na realidade seu pensamento serve só para uma coisa, para que nos distanciemos de todos os nossos problemas, para fazer-nos olhar além de todos os nossos problemas" (COLLI, 2000, p. 214).

[38] FOUCAULT, 1988, p. 66.

[39] DELEUZE & GUATTARI, 1991, p. 107.

A LIBERTAÇÃO DA LIBERDADE.
PARA ALÉM DO SUJEITO

> *A liberdade protege o silêncio, a palavra e o amor.*
> *Se se sombreiam, ela os reaviva; nunca os mancha.*
> *E a rebelião a ressuscita quando desponta a aurora,*
> *por muito que esta se faça esperar.*
>
> René Char

Vou lhes contar um conto. Um conto que, como todos os contos, relata uma travessia, ou uma passagem, e ao mesmo tempo, uma metamorfose. Um conto, ademais, de final aberto, tão aberto como nossa perplexidade. Um conto cujo protagonista é o sujeito, porém o sujeito entendido a partir do modo em que se constitui na Modernidade, a partir do modo da liberdade. Um conto também que, como todos os contos, não pretende ser verdadeiro, mas não renuncia a produzir efeitos de sentido. E, finalmente, um conto no qual se joga algo do que somos, um certo modo de subjetividade, uma certa maneira de nomear o sentido ou o não-sentido daquilo que nos passa, uma certa forma de vida, uma certa ética e uma certa estética da existência.

Nesse formoso livrinho que se intitula *No mesmo barco*, Peter Sloterdijk escreve o seguinte: "do mesmo modo que desde Cocteau qualquer adolescente sabe que Napoleão era um louco que se acredita Napoleão, os politólogos deveriam saber, a partir de Castoriadis, Claessens e Luhmann, que as sociedades são sociedades enquanto imaginam com êxito que são sociedades".[1] Seguindo essa citação, poderíamos dizer que "sujeito moderno" não é outra coisa senão outra ficção, ou outra fábula, ou outra fantasia configuradora de identidade, segundo a qual certos homens do ocidente têm constituído aquilo que são, o que sabem, o que podem e o que esperam. O que eu vou fazer, então, não é outra coisa que me inscrever nessa tradição fabuladora, não com o fim de criticar as fábulas da liberdade, mas com o objetivo de continuar fabulando a liberdade criticamente.

Para pensar o espaço no interior do qual situarei meu relato, vou usar dois fragmentos muito conhecidos. Inicio com o primeiro parágrafo de um famosíssimo texto de Kant que foi publicado no primeiro número de setembro de 1784 de uma revista berlinense como resposta à pergunta *Que é a Ilustração?* e cuja palavra-chave é *maioridade*. E o segundo texto é esse discurso de "As três metamorfoses", do *Zaratustra* de Nietzsche, no qual aparecem, sucessivamente, as figuras do camelo, do leão e da criança.

No primeiro desses textos se fabula a liberdade como maioridade, como emancipação, como autonomia, como a propriedade de um sujeito que se libertou de todo tipo de submissão e se converteu em *causa sui*, em dono de si mesmo e de sua história.

A liberdade, nessa primeira fábula, está em um sujeito que não depende de nada exterior, que se apoia sobre seus próprios pés, que se dá a si mesmo sua própria lei, seu próprio fundamento. E a liberdade, além disso, aparece como algo que se realiza na história, de maneira que a história desse sujeito pode tramar-se ou articular-se ou contar-se como uma história da liberdade.

O segundo texto, que quase inverte o primeiro: fabula a liberdade como infância, como criação, como início, como acontecimento. E aí a liberdade já não está do lado de um

---

[1] SLOTERDIJK, 2000, p. 20.

sujeito que se constitui como tal na autoconsciência e na autodeterminação, mas, justamente, na transformação poética dessa forma de subjetividade. Ademais, trata-se de uma liberdade que não se dá agora na história, mas na interrupção da temporalidade linear e cumulativa da história, isso é, na descontinuidade, na fissura.

A partir do primeiro desses textos, o que vou fazer durante a primeira parte deste trabalho é contar-lhes uma história que poderia intitular-se "a libertação da liberdade". Posto que aí temos o sujeito da liberdade na história, ou a história do sujeito da liberdade, vou tomar o texto de Kant como o ponto de partida de uma narração que chega quase até o presente, e na qual essa liberdade subjetiva vai perdendo seu primeiro impulso, entra em crise, perde a confiança em si mesma, começa a não poder se suportar e, finalmente, salta para fora de si mesma, liberta-se de si mesma e abre-se em direção a outra coisa. Vou construir esse relato por meio do artifício retórico de fiar narrativamente algumas citações de Husserl, de Adorno e, finalmente, de Heidegger. Digamos que tomando a liberdade – e assumindo seus riscos – de construir um argumento narrativo selecionando alguns fragmentos, separando-os de seu contexto e reescrevendo-os como se constituíssem os fios de uma trama linear e homogênea.

O segundo texto – o de Nietzsche –, entretanto, não servirá como ponto de partida de um relato. A segunda parte desse trabalho não terá já essa forma que começa com o "era uma vez" da proposição, continua com o "passaram muitas coisas" da trama ou da aventura, e termina com o "e então" do episódio final ou do desenlace que dá sentido a toda a história. A criança que constitui o motivo da segunda fábula dessa liberdade já libertada, cujo emblema é a criança, ou o jogo, ou o acontecimento, ou a criação, não pode ser contada em uma história ou como uma história. O que farei, então, é sugerir uma série de motivos nos quais a figura da criança serve para expressar as diversas perplexidades, as quais dão lugar à abertura da liberdade, e portanto à transformação do sujeito da liberdade.

Começarei, pois, com um relato, um dos possíveis relatos da libertação da liberdade, um relato cujo desenlace é um final aberto; e continuarei com uma série de fragmentos com os quais tentarei dar para ler ou dar para pensar algumas das possíveis resoluções desse desenlace, dessa liberdade libertada.

A maioridade ou o entusiasmo da liberdade

O texto de Kant, inúmeras vezes citado, comentado, parafraseado e utilizado, diz assim:

> A Ilustração é a saída do homem de sua autoculpável minoridade. A minoridade significa a incapacidade de servir-se de seu próprio entendimento sem ajuda de outro. Um sujeito é culpável desta minoridade quando a causa dela não reside na falta de entendimento, mas na falta de decisão e valor para servir-se por si próprio dele sem a ajuda de outro. *Sapere aude!* Tem valor de servir-te de teu próprio entendimento! Eis aqui o lema da Ilustração.[2]

Temos aqui, em poucas linhas, um relato extremamente condensado do que seria a emancipação a partir da perspectiva dessa configuração de ideias e de ideais, em cujas ruínas ainda vivemos e que podemos chamar "modernidade". A palavra-chave, *Unmündigkeit*, *minoridade*, significa *imaturidade*, mas significa, também, *dependência*. Seu antônimo, *Mündigkeit*, poderia traduzir-se tanto por *maioridade* como por *emancipação*, conservando assim o sentido jurídico da palavra que a entende como *libertação da tutela* ou do poder de outro, fundamentalmente do pai, visto que *maioridade* significa também *emancipação da tutela paterna*, reconhecimento da capacidade para tomar decisões próprias, plenitude de direitos; mas, também, emancipação da tutela do esposo (no caso das mulheres) ou emancipação da tutela de um governo exterior (no caso dos povos).

Kant coloca em cena um personagem, o Homem, a Humanidade, no momento em que se está liquidando o Antigo

---

[2] KANT, 1988, p. 9.

Regime (com a consequente promessa de libertação de todo tipo de despotismo); está agora triunfando a ciência moderna positiva (com a consequente emancipação de toda ideia não examinada, de toda crença aceita sem crítica, de todo tipo de dogmatismo) e estão desmoronando as imagens religiosas do mundo (com a consequente promessa de emancipação de toda essência e de todo destino). O Homem por fim torna-se maior de idade, por fim faz-se dono de seu próprio destino, por fim encarrega-se reflexivamente de sua própria história, por fim faz-se dono de seu próprio passado e de seu próprio futuro; por fim, põe-se de pé como sujeito e não aceita agora nenhum fundamento exterior, nenhuma garantia alheia, nenhum destino dado. No texto de Kant ressoam, junto à palavra Emancipação, outras palavras maiúsculas como Homem, Razão ou História, que, juntas, articuladas de diferentes maneiras, dão lugar a um relato, ou a um meta-relato; a um relato transcendental se se quer, cujas variantes poderíamos encontrar em Hegel, em Marx, em Husserl, em Sartre ou, inclusive, na primeira Teoria Crítica frankfurtiana.

Naturalmente, não vou fazer um resumo da doutrina kantiana da liberdade: não vou expor os meandros da razão prática, nem vou comentar tampouco os textos histórico-políticos. Recordo-lhes que isso é só o princípio de um conto, talvez um conto filosófico – um conto, enfim –, e o que pretendo é simplesmente que vocês se encarreguem de qual é a imagem da liberdade que sugere esse conto e que se encarreguem também de suas possíveis variações narrativas; isso é, que vocês tentem reconhecer suas variantes estruturais e suas possibilidades retóricas. Porém, sim, o que quero sublinhar é um de seus elementos básicos: concretamente, o fato de que nesse conto a liberdade tem duas faces.

Por um lado, a liberdade é libertação de qualquer tipo de tutela, e aí a liberdade aparece como heroica porque exige valor, coragem e esforço. A liberdade não pode ser o atributo de um homem covarde ou preguiçoso, mas somente a conquista de um homem valente que é capaz de lutar por ela. Esta seria a face em que a liberdade aparece como liberdade negativa, e a face na qual o sujeito da liberdade aparece como protagonista de uma luta de libertação. Todos os motivos da libertação e da luta pela libertação (da mulher, dos povos, das crianças, dos submissos...), que atravessam os dois últimos séculos, têm algo desse alento negativo e, ao mesmo tempo, heroico, épico, entusiasta e juvenil.

Por outro lado, a liberdade é algo que se tem na forma da autonomia. A liberdade é a autonomia da vontade, a autonomia da razão prática, isso é, a capacidade de o homem, individual ou coletivamente, dar para si mesmo sua própria lei e obedecê-la. É livre o indivíduo que dá a si sua própria lei e que se submete obedientemente a ela cada vez que é capaz de escutar a voz da razão em sua própria interioridade. E é livre a comunidade que faz acordo e que pactua racionalmente suas próprias leis de acordo com a vontade geral na qual cada cidadão reconhece sua própria vontade. A liberdade como autonomia funda obrigações, mas obrigações próprias. É, portanto, uma forma de autogoverno cuja não-arbitrariedade está garantida pela razão, isso é, que não emana da arbitrariedade de um sujeito singular, ou de uma vontade contingente, mas da vontade de um sujeito racional e, portanto, ao menos na fábula kantiana, universal. É nisso onde se reconhece a maioridade, no uso da razão: um sujeito é livre quando se guia por princípios racionais. O homem entra em liberdade, faz-se maior de idade, quando se libera de tudo o que se lhe impõe (de toda heteronomia) e quando se torna capaz de seguir sua própria lei, isto é, quando entra na razão. Esta é a face adulta da liberdade, a liberdade positiva; a face na qual o sujeito da liberdade aparece como o sujeito que alcançou agora a autoconsciência e a autodeterminação, aquele que se converteu em um sujeito seguro e assegurado, dono de si.

A crise ou o envelhecimento da liberdade

Entre todas as variantes dessa fábula que combina em uma mesma trama as figuras do Homem, da Liberdade, da

Razão e da História, há uma que me parece que pode ser contada aqui porque, nela, esse sujeito orgulhoso e soberano, que se levantava seguro de si mesmo e começava a andar racionalmente e com pé firme no relato kantiano, aparece agora envelhecido, cansado, quase desfalecido, a ponto de perder a fé em si mesmo, e tentando desesperadamente extrair alguma esperança, alguma força vital, algum sustento interior dos rescaldos ainda fumegantes de sua própria juventude.

Permitam-me contar-lhes agora – com certo detalhe e quase como se fosse uma novela – a primeira das conferências que Husserl proferiu em Praga no outono de 1935 e que seus editores situaram como prólogo desse livro póstumo, autêntico testamento filosófico, que se intitulou *A crise das ciências européias e a fenomenologia transcendental*. O título dessa primeira conferência é *A crise das ciências como expressão da crise vital radical da humanidade européia*. E o que Husserl nos oferece nela é uma narrativa de crise, isto é, um relato que tem uma estrutura muito convencional e que poderia ser decomposto em quatro momentos: 1) "era uma vez, faz muito tempo, em algum momento da história do que somos, em que algo, talvez a liberdade, se dava por suposta ou se anunciava esplendorosa no horizonte" ou "houve um tempo em que éramos jovens, em que estávamos cheios de ideais e de confiança em nós mesmos, em que sabíamos claramente o que éramos e o que queríamos"; 2) "agora, não obstante todos esses ideais estão desmoronando ao nosso redor e nos sentimos velhos e cansados"; 3) "mas não podemos perder a confiança em nós mesmos porque, se a perdemos, não somente teremos fracassado, senão que nossa própria história não terá sentido"; 4) "necessitamos portanto renovar e revitalizar nossa fé e nossa esperança de juventude, mesmo que seja de outra forma, com outras bases; outra, não obstante a mesma, se queremos que nossa história tenha futuro, que o que fomos e quase estamos deixando de ser se projete até o futuro".

Uma narrativa de crise constrói o presente como um momento crítico no duplo sentido da palavra, como um momento decisivo e ao mesmo tempo como um momento de crítica, como um momento no qual o sujeito recupera criticamente sua própria história, apropria-se criticamente de sua própria história, para saber onde se encontra e para decidir seu próximo movimento. Talvez por isso, os relatos de crise tenham esse tom apocalíptico, esse tom de fim de mundo, esse tom de grandes apostas e grandes decisões, esse tom de morte e renascimento, esse tom de estado crítico, de enfermidade quase mortal e remédios desesperados, esse tom heroico, esse tom, definitivamente, de perdição ou salvação.

Atendamos primeiro ao protagonista do conto, a essa "humanidade europeia" que parece ser o sujeito da narrativa de crise husserliana e que, como vocês terão adivinhado, ainda pretende ser simplesmente o Homem, a Humanidade. Entre os textos complementares que os editores acrescentaram à *Krisis*, há uma conferência proferida no Círculo Cultural de Viena, em maio de 1935, e intitulada "A crise da humanidade europeia e a filosofia", que trata justamente de desenvolver a ideia de "humanidade europeia". Aí, Husserl tenta caracterizar a Europa como uma "figura espiritual" unitária, isto é, como uma configuração cuja unidade não está dada num sentido geográfico mas em um sentido, digamos, histórico-cultural. E nesse contexto escreve o seguinte:

> Os "dominions" ingleses, os Estados Unidos etc. pertencem claramente, em um sentido espiritual, à Europa; mas não os esquimós ou os índios das tendas de campanha das feiras anuais, nem os ciganos que vagabundeiam continuamente pela Europa.[3]

A frase afirma a pluralidade da Humanidade, a convicção de que a palavra Humanidade em um sentido "espiritual", isto é, histórico e cultural, se declina no plural. O que Husserl faz,

---

[3] HUSSERL, 1991, p. 328.

com evidente rusticidade mas com uma nitidez que se agradece, é determinar a quem inclui e a quem exclui quando diz "nós". E um pouco mais adiante assinala sua intenção de

> [...] mostrar a idéia filosófica imanente à idéia de Europa (da Europa espiritual) ou, o que é o mesmo, a teleologia a ela imanente, que se faz em geral cognoscível a partir do ponto de vista da humanidade universal como a irrupção e o começo da evolução de uma nova época da Humanidade, da época da humanidade que, a partir desse momento, não quer nem pode viver senão na livre conformação de sua existência, de sua vida histórica, a partir das idéias da razão, em ordem a tarefas infinitas.[4]

Europa, diz aqui Husserl limpidamente, não é senão uma ideia: a ideia da aliança entre Razão e Liberdade. Isso é a única coisa que nos permite dizer "nós", aquilo que faz com que nós sejamos nós. E a História da Europa, isto é, nossa história, não é senão a História do desdobramento da Razão e da Liberdade, da História da realização da aliança entre Razão e Liberdade. Essa aliança entre Razão e Liberdade permite esboçar a História espiritual da Europa desde seu começo até seu final – ainda que esse começo somente agora se nos fez autoconsciente, e ainda que esse final só possa delinear-se como uma realização deslocada no infinito – como uma História com sentido, como um relato articulado por uma trama, atravessada por uma finalidade que se esboça já a partir de sua origem e que é imanente a todo seu desenvolvimento. A história da humanidade europeia, diz Husserl, tem um sentido, e esse sentido é a Liberdade. Apesar, naturalmente, de toda uma série de obstáculos, de fracassos, de retrocessos, de derrotas, de perversões, de patologias, de quedas e recomeços.

No entanto, esta Humanidade europeia não é mais uma entre outras, um mero tipo antropológico empírico, "como China ou Índia", escreve Husserl, mas tem vocação de universalidade. Husserl é já perfeitamente consciente de que épocas

---

[4] Ibidem.

e sociedades inteiras têm vivido e vivem sem o conceito de liberdade. Husserl sabe muito bem que essa fábula da liberdade, que para ele é tão importante, é uma fábula moderna e ocidental. Porém, resiste a pensar que sua tribo é uma a mais entre as tribos que povoam a terra ou que sua época é uma época a mais entre as que se sucederam no mundo. Husserl todavia sente-se orgulhoso de pertencer à Europa e ainda considera a Modernidade como uma tarefa, talvez inconclusa, talvez em crise, porém dotada de uma grande dignidade histórica. E escreve uma frase que é toda uma declaração eurocentrista, todo um orgulho de pertinência à própria tribo:

> Há na Europa algo singular, único, com relação ao qual todos os outros grupos humanos são também sensíveis, enquanto algo que, independentemente de toda consideração de utilidade, se converte para eles, por grande que seja sua vontade indomável de autoconservação espiritual, em uma incitação a europeizar-se, de tal modo que de nossa parte, se temos uma compreensão cabal de nós mesmos, nunca optaremos, por exemplo, por nos indianizar.[5]

O que está em jogo aqui, naturalmente – e cito agora a conferência de Praga –, é: "o espetáculo da europeização de todas as humanidades estrangeiras anuncia efetivamente em si o ímpeto de um sentido absoluto, pertencente ao sentido do mundo, e não a um sem-sentido histórico do mesmo".[6]

Por "europeização de todas as humanidades estrangeiras" Husserl entende o processo de unificação histórica do mundo, da humanidade. Pouco a pouco, o mundo está se convertendo em um só Mundo, a humanidade em uma só Humanidade, e a história em uma só História. Os hindus, os chineses – mas também os esquimós, os índios das tendas de campanha e os ciganos vagabundos – estão se integrando em nosso mundo, em nossa humanidade, em nossa história, começam a ser parte de nós. E isso não pode ser algo arbitrário, ou algo que dependa simplesmente de relações

---

[5] HUSSERL, 1991, p. 329.

[6] Idem, p. 16.

de força, ou de meras condições materiais de existência, mas tem que ter um sentido racional, necessário. E esse sentido racional é, de novo, a liberdade.

O Homem europeu que, ao cabo de um processo ímpar de "europeização", é o Homem em geral, não é outra coisa senão o sujeito da liberdade, o que quer dar-se a si mesmo suas próprias regras, o que quer configurar-se a si mesmo e ao seu entorno segundo sua própria razão. E sua história não é outra coisa senão o processo pelo qual esse destino chega à autoconsciência, tende à sua realização. Já temos, pois, esboçado, o protagonista dessa narrativa de crise que estou lhes contando, um protagonista que se constrói articulando de novo as palavras que havíamos encontrado já no texto de Kant: Humanidade, Liberdade, Razão e História. Vamos ver agora como Husserl diagnostica seu estado crítico.

Visto que se trata de uma narrativa de crise, selecionei um parágrafo escrito em tom de perda, de ocaso, de velhice, de nostalgia, de elegia, em suma, que contrasta com o tom juvenil, de entusiasmo, de aurora, de conquista, de projeto, com o tom épico que soava no texto de Kant com o qual comecei este relato. O parágrafo diz assim:

> [...] nos é dado compreender o impulso que dava vida a todas as empresas científicas, incluídas as de grau inferior, meramente fácticas; um impulso que no século XVIII, que se chamava a si mesmo o século filosófico, enchia de entusiasmo pela filosofia e pelas ciências particulares, enquanto ramificações dela, a círculos cada vez mais amplos. Daí o apaixonado interesse pela cultura, o fervor pela reforma filosófica da educação e de todas as formas sociais e políticas da existência da Humanidade que faz tão digna de veneração essa difamada época da Ilustração. Possuímos um imperecível testemunho deste espírito no esplêndido hino de Schiller e Beethoven "à Alegria". Hoje, este hino só pode nos suscitar sentimentos dolorosos e só determinados por eles podemos revivê-lo em nós. Não cabe imaginar contraste maior que o daquela época com nossa situação atual.[7]

---

[7] HUSSERL, 1991, p. 10.

A Ilustração é a época da reforma da Humanidade, mas, sobretudo, a época do impulso, do entusiasmo, do apaixonamento: a Ilustração é a época de nossa juventude. E Husserl, como para expressar o tom vital épico, entusiástico e juvenil dessa época, lhe põe música; uma música que se converteu, desde há poucos anos, no mesmo hino oficial da Comunidade Europeia, com o qual ficou agora definitivamente invalidada para a Filosofia, e talvez para a Música. Porém o hino *À Alegria* já não pode ser nossa música. Agora vivemos em um espírito ao qual lhe vai um tom mais bem elegíaco, mais de perda que de conquista, mais de senectude e de ocaso que de juventude e de aurora, e já não podemos recordar a vitalidade daquela música, a não ser com dor, dominados pelos sentimentos dolorosos por tudo aquilo que perdemos, por tudo aquilo que já não somos. Toda a questão da vitalidade e do tom vital – do estado de ânimo, enfim – aparece claramente esboçada no parágrafo seguinte:

> Que esta humanidade nova, animada de um espírito tão alto, no qual encontrava, além disso, gratificação, não soubera perseverar, é coisa tão somente explicável pela perda do impulso vivificante da fé, própria de seu ideal, em uma filosofia universal.[8]

A crise da humanidade europeia é uma crise de fé, uma crise de ânimo, de autoconfiança, de vitalidade, de esperança, uma crise "de moral" quase no sentido desportivo da expressão. Europa está desmoralizada, desanimada, desiludida, quase desfalecida. Por quê? Porque lhe falta uma ideia de si própria ou uma fábula de si mesma na qual possa reconhecer-se e sustentar-se. Porque lhe abandonou o ânimo, o espírito, a ideia interior que lhe dava vida. O homem europeu está desanimado porque perdeu o sentido de si mesmo, porque já não encontra nenhuma ideia de liberdade em relação à qual dar sentido à sua própria vida e à sua própria história, porque já não se tem a si mesmo como sujeito, porque não

---

[8] Ibidem.

tem mais nenhuma ideia de si mesmo para realizar, porque está abandonado à pura contingência, arbitrariedade e facticidade de sua existência. Com a redução das ciências a ciências de fatos e com o ceticismo diante da possibilidade de uma filosofia universal – e volto a citar Husserl:

> [...] cai também a fé em uma razão na qual o homem possa encontrar seu sentido, a fé no sentido da história, no sentido da Humanidade, em sua liberdade, ou o que é igual, na capacidade e possibilidade do homem de conferir à sua existência humana, individual e geral, um sentido racional. A perda, por parte do homem, desta fé significa nada mais e nada menos que a perda da fé em si mesmo, no ser verdadeiro que lhe é próprio, um ser que não possui desde sempre, que não possui desde a mera evidência do "eu sou" mas que só tem e só pode ter como próprio lutando sempre por sua verdade, lutando por fazer-se a si mesmo verdadeiro, e no marco desta luta.[9]

Podemos reconhecer aqui o velho motivo idealista da humanidade em marcha até sua própria realização, até a final e sempre retardada conquista de sua Verdadeira Humanidade. E também todos esses motivos que ainda nos configuram da permanente tensão *entre* a liberdade e a aspiração à liberdade, de maneira que não há liberdade possuída ou concluída, mas uma espécie de liberdade provisória sempre incompletamente realizada, *e* essa constante vigilância crítica da liberdade sobre si mesma para corrigir suas próprias ingenuidades, seus próprios excessos e seus próprios desfalecimentos.

É possível que o tom desta narrativa de crise nos soe anacrônico. Mas teria de dizer, em honra a Husserl, que no momento em que ele escreveu essas palavras havia visto a ascensão de Hitler ao poder, enaltecido democraticamente pela maioria de seus civilizados compatriotas, e podia intuir como o interesse privado dos indivíduos pelo bem-estar material paralisava todo o seu interesse por uma liberdade

---

[9] Idem, p. 13.

mais funda, e ele mesmo estava velho, enfermo de morte, e muitos de seus colegas e discípulos da Universidade lhe negavam a saudação. Sua mensagem póstuma parece poder ser reduzida a esta alternativa dramática: *ou* mantemos a fé na liberdade e somos capazes de encontrar em nosso interior uma fé que nos sustente nesses momentos difíceis e dê ânimo para resistir, *ou* estamos perdidos. Ademais, na distância que estabelecemos entre as palavras de Husserl e nós mesmos, isso é, no modo como nos distanciamos dessas palavras por considerá-las já impronunciáveis, podemos medir a distância que nos separa dessa fábula da liberdade.

O beco sem saída, ou a aporia da liberdade

Continuarei este meu primeiro conto com um texto que muitos de vocês seguramente já adivinharam: com a *Dialética da Ilustração*, que Adorno e Horkheimer escreveram em seu exílio norte-americano, em princípios dos anos 40. A história do livro é muito curiosa. Foi publicado em 1944, com o título de *Fragmentos Filosóficos*, em uma edição fotocopiada de 500 exemplares, e em 1947, por uma editora de Amsterdã, que não o distribuiu massivamente porque o próprio Horkheimer o considerava um texto demasiado radical e perigoso para os próprios ideais da Escola de Frankfurt que, como se sabe, havia se proposto a introduzir a razão no mundo por meio de um pensamento entendido como teoria crítica e como práxis, isto é, ela estava disposta a fazer história, a incorporar-se na história e a realizar na história seu sentido emancipador. Porém, o livro foi reeditado na Alemanha em 1969 e nos Estados Unidos em 1972 e, portanto, foi lido no marco das lutas estudantis e dos movimentos alternativos que passavam pela rejeição total e categórica da ordem burguesa e pela busca de inspirações alheias à tradição europeia. Era a época das comunidades *hippies*, das viagens à Índia, do redescobrimento cultural dos indígenas americanos, do antimilitarismo, da psicodelia etc., isto é, uma época em que muitos jovens europeus, com uma compreensão bastante cabal do seu mundo e de si mesmos, sentiam já a "tentação de indianizar-se", de abandonar esse "nós" que Husserl dava por exclusivamente centrípeto, e de inventar novas formas de liberdade.

A frase, também dessas que têm sido citadas tantas vezes que já quase sabemos de cor, diz assim: "A Ilustração, no mais amplo sentido de pensamento em contínuo progresso, tem perseguido desde sempre o objetivo de libertar os homens do medo e constituí-los em senhores. Mas a terra inteiramente ilustrada resplandece sob o signo de uma triunfal desventura".[10]

Não é que a Ilustração tenha fracassado ou, em termos de Husserl, que esteja passando um momento crítico mas, triunfou. E este é precisamente o nosso problema, porque em seu triunfo o que mostrou foi sua face negativa, essa face na qual se desprendeu não tanto a afirmação como a negação da liberdade. A Ilustração triunfou e, em seu triunfo, destruiu aquilo que pretendia realizar. Aqui está a aporia – de *a-poros*: que não tem caminho, não tem saída – na qual nos encontramos:

> [...] não abrigamos a menor dúvida – e esta é nossa *petitio principii* – de que a liberdade na sociedade é inseparável do pensamento ilustrado. Mas cremos ter descoberto com igual clareza que o conceito deste mesmo pensamento, não menos que as formas históricas concretas e as instituições sociais no qual mergulhou, contém já a origem daquela regressão que hoje se verifica por donde quer que seja. Se a Ilustração não assume em si mesma a reflexão sobre esse momento regressivo, firma sua própria condenação.[11]

O texto em questão mostra com particular crueza um dos pontos nos quais se bifurca o pensamento contemporâneo. Conserva acentos kantianos como a necessidade da autocrítica, a necessidade de salvar a Ilustração mostrando

---

[10] HORKHEIMER & ADORNO, 1994, p. 59.
[11] Idem, p. 53.

também seu momento positivo, ou a necessidade de fazer com que a Ilustração assuma em si mesma a reflexão sobre seu próprio momento destrutivo. Porém, por outro lado, sugere uma crítica total da própria civilização ocidental como uma civilização falida. A *Dialética da Ilustração* não se limita a renovar o motivo da autocrítica, da autorreflexão crítica; não se limita a mostrar as insuficiências ou as perversões históricas da razão; não é agora um relato de crise-renovação; mas é a própria estrutura da aliança entre Razão e Liberdade que é colocada em questão. Digamos que nesse texto abandona-se toda a esperança no caráter emancipador da razão, estende-se uma suspeita global sobre as possibilidades emancipatórias das ciências positivas, vai-se pouco a pouco até uma teoria da história como relato das esperanças humanas não cumpridas, isso é, como catástrofe, e começa a tomar forma a ideia de que não há possibilidade histórica de saída da barbárie, pelo menos dentro de nossa história, dessa história concebida como a realização da aliança entre Razão e Liberdade, e que só se pode apontar para uma saída da história. A partir daí, a deriva minimalista, estética e, em ocasiões, trágica, de pensadores como Adorno ou Benjamin, é mais instrutiva e talvez mais fecunda que o revisionismo social democrata de Habermas que parece ser a referência final obrigatória de uma crítica que ainda reclama bases racionais, liberais, historicistas e, naturalmente, humanistas.

O protagonista do nosso conto – esse sujeito que vimos arrogante e orgulhoso de si mesmo no texto de Kant e cansado e desmoralizado, porém, mantendo ainda uma certa dignidade na derrota no texto de Husserl – aparece aqui como que horrorizado de si mesmo. A autorreflexão tem agora mais tintas de tragédia do que de elegia, e esse sujeito pode apenas suportar sua própria imagem no espelho. Não em vão, alguns dos acontecimentos mais terríveis do século XX, como o totalitarismo político, a destruição da natureza, a aniquilação de toda a diversidade cultural ou a exploração do homem pelo homem, não só desmentem as esperanças ilustradas na liberdade, confirmam seu fracasso, senão suas mesmas raízes culturais podem remeter-se sem demasiada violência ao resultado do próprio projeto racional ilustrado, à aliança perversa entre a Liberdade e essas outras figuras agora claramente ideológicas e totalitárias que se chamam Homem, Razão e História. A Razão converteu-se no princípio da dominação, no grande dispositivo de objetivação, manipulação e controle. O Homem aparece como uma figura totalitária que universaliza e sacraliza o tipo humano burguês, ou como uma figura de uma identidade ao mesmo tempo segura e reprimida. E a História, com todos esses motivos da Grande Aventura da Humanidade que Segue Avante, não é senão a figura sanguinária de um deus que continua reclamando vítimas e sacrifícios.

A aposta, agora, começa a ser inventar formas de existência fora da construção moderna da figura Homem, construir formas de relação com a natureza, com os demais e com nós mesmos fora da construção moderna da palavra Razão, configurar formas de habitar o tempo, a memória e o futuro fora da construção moderna da figura da História e, naturalmente, experimentar formas de expressar nossa vontade de viver, de falar e de pensar fora da construção moderna da figura da Liberdade.

De momento, nos parecem, agora, mais próximas a nós, umas palavras que escreveu Adorno na *Dialéctica negativa*, em uma secção na qual ele reelabora a questão da liberdade, voltando a pôr sobre o tear, porém desta vez de uma forma mal-humorada, quase violenta, a aposta kantiana:

> Desde o século dezessete a grande filosofia determinou a liberdade como seu interesse mais exclusivo e dedicou-se a fundamentá-la com evidência sob as ordens tácitas da classe burguesa. Só que esse interesse é antagônico em si mesmo. Se dirige contra a antiga opressão e fomenta a nova, contida no próprio princípio da racionalidade. O que se trata é de encontrar uma fórmula comum para liberdade e opressão. A liberdade é cedida à racionalidade, que a limita e a afasta da empiria, na qual de nenhum modo se quer ver realizada. [...] Engrandece-se a liberdade inteligível dos indivíduos para poder cobrar

> tanto mais facilmente o particular empírico e fazê-lo morder melhor o freio sob a perspectiva de um castigo justificado metafisicamente [...]. Porém, não há por que aceitar, como uma fatalidade, que a liberdade envelheça sem se realizar. Essa fatalidade tem que ser respondida com a resistência.[12]

A liberdade envelheceu sem se realizar. Talvez por isso a palavra liberdade nos soe tão vazia, tão retórica, tão velha. Mas o envelhecimento da liberdade, diz Adorno, não tem por que ser aceito como uma fatalidade. Não se trata de rejuvenescê-la. Nem sequer se trata de voltar a colocar em jogo a pretensão de realizá-la. Agora, trata-se apenas de resistir. A face positiva da liberdade é definitivamente declarada culpável ou, pelo menos, tramposa, e cúmplice da barbárie, e só resta sua face negativa, esta vez na forma de resistência. A frase, que soa agora a Foucault, é a seguinte: "Só há uma forma de compreender a liberdade: em negações concretas, a partir da figura concreta daquilo que se lhe opõe".[13]

O salto ou a liberação da liberdade

O final do primeiro conto será um final aberto, e o formularei reescrevendo três citações de Heidegger, nas quais essa liberdade que vimos desfalecer, envelhecer e inclusive se horrorizar dela mesma ao se reconhecer culpável é simplesmente abandonada. A primeira citação pertence à "Disputa de Davos entre Ernst Cassirer e Martin Heidegger", incluída como apêndice no livro de 1930, *Kant e o problema da metafísica*. A citação é a seguinte:

> A pergunta "como é possível a liberdade?" carece de sentido. Porém disso não se quer dizer que, de certo modo, opere aqui o problema do irracional, mas sim que a liberdade não é objeto da compreensão teórica, o anterior não é outra coisa senão que a liberdade só é, e

---

[12] ADORNO, 1975, p. 213-215.
[13] ADORNO, 1975, p. 230.

pode ser, na libertação. A única relação adequada com a liberdade, no homem, só pode se dar no se-libertar-a-si-mesmo da liberdade (que há) no homem.[14]

"A liberdade que há no homem"; essa liberdade que é, sim, o objeto da compreensão teórica, significa, para Heidegger, a liberdade entendida metafisicamente como possibilidade de começar a partir de si mesmo. A liberdade é, assim, o atributo ou a propriedade de um sujeito que pode ser causa de si. Desse modo, o pensamento da liberdade fica ligado ao pensamento da causa e ao pensamento do sujeito: ser livre é ser capaz de sobrepor-se ou de sobreimpor-se ao mundo e aos outros sujeitos enquanto que estes podem constituir uma trama de causalidades. Ser livre é não estar afetado, não estar determinado, ter o poder de determinar-se a si próprio, ter o poder de autodeterminar-se independentemente de qualquer fatalidade e de qualquer vontade que não seja a própria, impor-se a si mesmo como causa (desejada) diante da causalidade exterior (sofrida), impor a própria vontade (livre) frente às outras vontades; em suma: ser dono de si mesmo, ser o próprio dono, ser propriamente dono ou, simplesmente, ser propriamente.

Por outro lado, esse "livrar-se a si mesmo da liberdade que há no homem" parece apontar até um libertar-se da liberdade do sujeito para abrir a liberdade do ser. O que ocorre é que essa liberdade já não é a liberdade de um ente, já não pertence ao ôntico como pertencem a causalidade e a subjetividade. Por isso, essa liberdade não pode ser objeto da compreensão teórica ou, se se quer, não podemos ter uma ideia dessa liberdade. O que ocorre então é que se tiramos a liberdade da jurisdição da teoria, a liberdade é algo do qual não se pode ter ideia e, portanto, algo que não se pode realizar, nem produzir, nem fabricar, nem garantir, nem defender, porque como poderíamos realizar algo do qual não temos nem ideia? Algo, em suma, que já não depende de nosso saber, ou de nosso poder, ou de nossa vontade?

---

[14] HEIDEGGER, 1981, p. 218.

Aqui está, me parece, o interessante da proposição heideggeriana: esse gesto com o qual se abandona qualquer tentativa de compreender teoricamente a liberdade, qualquer tentativa de se fazer uma ideia dela, qualquer tentativa de fazê-la depender de nós como sujeitos dotados de saber, de poder e de vontade, porém, retendo, não obstante, a palavra *liberdade* (que não é o conceito ou a ideia) para fazê-la soar de outro modo. Como se a liberdade fosse algo do qual não temos ideia, algo que não pode ser objeto da compreensão e que permanece, portanto, como incompreensível, porém, também, como se a palavra liberdade continuasse sinalizando no sentido de algo ao qual temos que atender. Ao que esse gesto nos convida é atender ao incompreensível da liberdade. E essa liberdade incom-preensível só pode estar na libertação, diz Heidegger. Mas aí, na libertação, não é o homem enquanto sujeito aquele que possui a liberdade, senão que é enquanto que se liberta de seu ser-sujeito, de seu saber, de seu poder e de sua vontade, que o homem entra em relação com a liberdade. A liberdade seria então algo com o qual podemos entrar em relação, mas não algo que podemos ter ou possuir, não algo do qual pudéssemos nos apropriar.

A tarefa seria então manter a liberdade como aquilo que não podemos saber, como aquilo que não pode ficar determinado por nosso saber, como aquilo que só pode aparecer no momento em que suspendemos nossa vontade de saber e no momento em que se dissolve o que sabemos. A tarefa seria também manter a liberdade como aquilo que não depende de nosso poder, como aquilo que só pode aparecer quando suspendemos nossa vontade de poder. E, por último, a tarefa seria manter a liberdade como aquilo que não podemos querer, como aquilo que não depende de nossa vontade, de nossos projetos ou de nossas intenções, como aquilo que só pode aparecer quando suspendemos nossa vontade.

A segunda citação de Heidegger está tomada de um texto de 1956 que se chama *A proposição do fundamento*. Nesse livro, que reúne um curso e uma conferência, Heidegger tenta levar o pensamento a um "salto" no qual se abandona a pergunta sobre a razão ou o fundamento do ser para se chegar a um pensamento do ser como o que carece de razão ou de fundamento. E aí diz o seguinte: "O salto continua sendo uma possibilidade do pensar, e isso de maneira tão decisiva que inclusive a região essencial da liberdade se abre pela primeira vez na região do salto".[15]

Heidegger afirma que é preciso se colocar no lugar de um salto, para perceber a região da liberdade. Já não se trata da liberdade como propriedade de um sujeito, ou como poder de um sujeito, ou como qualidade de um sujeito, ou como estatuto de um sujeito, ou como vontade livre ou livre arbítrio de um sujeito; senão que a liberdade é agora algo cuja essência reside, ou se guarda, ou permanece, ou se mantém, em reserva, em uma região, ou em um espaço que só se pode vislumbrar desde o lugar de um salto. Esse salto é, no texto de Heidegger, um salto fora da razão teórica, da razão fundante, como se a razão teórica ou fundante tivesse que transcender ou transgredir seus limites, saltar além de si mesma, para chegar a uma visão do espaço da liberdade, a uma visão que, não obstante, não é agora uma visão teórica. Por isso, a partir do lugar do salto, a liberdade aparece como o que reside no espaço de não-fundado. E, além disso, esse espaço nomeia-se mas não se determina ou, melhor dizendo, nomeia-se in-de-terminando-o, no próprio gesto de deixá-lo sem terminar e sem de-terminar, no gesto de deixá-lo in-de-terminado, isso é, aberto e livre.

Se colocamos esse parágrafo em relação com o anterior – com aquele de que a relação com a liberdade só se dá na libertação, no libertar-se a si mesmo da liberdade que já há o que já se tem –, talvez possamos dizer que a liberdade só aparece quando o próprio sujeito percebe-se como não-fundado, como carente de qualquer fundo ou de qualquer fundamento, como desprovido de qualquer razão ou de qualquer princípio que pudesse dar conta dele. E talvez a

---

[15] HEIDEGGER, 1991, p. 151.

liberdade não seja outra coisa senão aquilo que se dá nessa experiência, na experiência dessa falta de fundamento, de princípio ou de razão, na experiência de um ser que não pode dar nada por fundado, nem seu saber, nem seu poder, nem sua vontade, nem sequer a si mesmo, e que justamente por isso salta fora de tudo o que o mantém seguro e assegurado, dono de si, idêntico a si mesmo.

Para abrir ainda mais este final aberto, e para sugerir um fio que conecte esse primeiro relato da libertação da liberdade com o motivo seguinte, da liberdade libertada, só resta dizer que ao final desse curso ao qual pertence a citação do "salto", no qual abre-se a "região essencial da liberdade", esse território ou essa região fica assinalada com a criança que joga, da sentença de Heráclito. Primeiro, se nomeia o jogo: "Graças a este salto, o pensar chega à amplitude daquele jogo no qual está posta nossa essência de homens. Só na medida em que o homem é levado a este jogo, e posto ali em jogo, é capaz de jogá-lo verdadeiramente, e de continuar estando em jogo".[16]

E, um pouco mais adiante, *aión*, a criança que joga:

> Que diz Heráclito do aión? O fragmento 52 reza: a sina do ser é ser uma criança, que joga, que joga o jogo de tabuleiro; de uma criança é o reino. [...] A sina do ser: uma criança que joga. Assim é que também há crianças grandes. A criança maior, real graças à suave justeza de seu jogo, é aquele mistério do jogo, ao qual o homem e seu tempo de vida vêm levados, no qual sua essência vem posta em jogo (fica ao azar e à ventura).
>
> Por que a criança grande joga o jogo do mundo, essa criança vista por Heráclito no aión? Joga porque (enquanto que) joga.
>
> O "por quê" desaparece no jogo. O jogo é sem "por quê". Joga enquanto que (ao tempo que) joga. Segue sendo só jogo: o mais alto e o mais fundo".[17]

---

[16] Idem, p. 176.

[17] HEIDEGGER, 1991, p. 178. Cito, em continuação, a tradução que faz A. García Calvo (1985, p. 255), do fragmento de Heráclito: "O tempo-todo é uma criança jogando-criancices, que joga o três-em-risca: de uma criança a coroa!".

A primeira fábula da liberdade nos levou da liberdade para a libertação; da saída ao salto (passando por uma aporia); da maioridade à infância; do tempo crônico da história ao tempo aiónico do instante-eterno; da razão ao jogo. Para fazer soar este final como um princípio – ou uma abertura, como o princípio ou a abertura de outra coisa, de outra liberdade ou, talvez, de outra coisa que não a liberdade, de outra coisa que talvez podemos seguir nomeando com a palavra liberdade, porém não agora com a ideia ou o conceito de liberdade que atravessa a filosofia moderna –, agora vamos começar, ou abrir, a segunda parte dessa lição com esse texto de Nietzsche, já anunciado, no qual aparecem as figuras de camelo, de leão e de criança. Mas devo dizer, antes de continuar, que a história da liberdade, ou da travessia do sujeito moderno a partir do modo da liberdade, já terminou. A liberdade que se desprende e se realiza na história, ou também a liberdade que envelhece sem realizar-se na história, ou também a liberdade que finalmente se libera na história, essa liberdade já se liberou de si mesma, já saltou para outra coisa. Agora, trata-se de outra liberdade, e de outra história. Por isso, a partir daqui, já não um relato, mas, melhor dizendo, a exposição de uma série de motivos, ou de figuras, ou de fragmentos, nos quais a criança que joga aparece como o emblema dessa outra liberdade, e como a condição de possibilidade dessa outra história.

A liberdade libertada

O começo da segunda fábula da liberdade, também inúmeras vezes comentada, está no *Zaratustra* de Nietzsche, concretamente no primeiro discurso depois do prólogo, nesse que leva por título "As três metamorfoses".

Nesse texto, o herói da liberdade é o leão. Digamos que o camelo é uma mescla de moral cristã, má consciência e espírito ascético: um animal gregário, domesticado, escravizado, servil e de carga, um animal que diz sim a tudo o que se lhe impõe e que encontra sua felicidade em cumprir com seu dever. O leão, por sua parte, é o espírito crítico, rebelde e negativo. O espírito se transforma em leão porque "pretende conquistar a liberdade" opondo seu "Eu quero" ao "Tu deves", inscrito em cada uma das escamas do dragão-amo, contra o qual ele luta. O leão representa o movimento heroico do "fazer-se livre" lutando contra o amo e vencendo-o. Por isso, define-se por oposição e só pode viver da confrontação, da luta, da destruição, como se seu destino estivesse ligado ao do dragão-amo que se converteu em seu maior inimigo. O leão é um herói negativo, sua força é ainda reativa. Por isso, é uma figura do espírito ressentido e niilista; de fato, encarna a consumação do niilismo, a vontade do nada levado à sua máxima potência, e por isso é estéril. A criança, por último, é esquecimento, inocência, jogo, afirmação, criação, abertura, possibilidade, início. As palavras de Nietzsche-Zaratustra são as seguintes:

> [...] dizei-me irmãos meus, o que pode fazer a criança que não possa fazer o leão? Por que é preciso que o leão raptor se transforme em uma criança? A criança é inocente e esquece; é uma primavera e um jogo, uma roda que gira sobre si mesma, um primeiro movimento, uma santa afirmação. Oh irmãos meus! Uma afirmação santa é necessária para o jogo divino da criação.[18]

Se as palavras-chave do texto de Kant eram palavras como Emancipação, História, Razão e Homem – essas palavras com as quais se trama um dos grandes relatos, ou metarrelatos, da Modernidade –, as palavras-chave do texto de Nietzsche são Inocência, Afirmação, jogo e criação. Se a liberdade em Kant, essa liberdade que temos visto desfalecer, estava ligada à maioridade, a liberdade aqui está ligada ao nascimento e à criança.

Não vou entrar aqui nos "temas" nietzscheanos que poderiam se desenvolver como contexto doutrinário desse fragmento: a doutrina da passagem entre o homem e o super-homem, ou a questão do eterno retorno. Podemos valorizar positiva ou negativamente a excepcionalidade estilística de

---

[18] NIETZSCHE, 1972a, p. 32.

Assim Falou Zaratustra. Pode nos molestar, ou não, seu tom exaltado e profético; podemos pensar que esse livro não é estritamente um livro de filosofia ou podemos considerar, melhor dizendo, que representa uma forma revolucionária na exposição filosófica; podemos tomá-lo como uma anomalia incômoda do *corpus* nietzscheano; ou podemos também buscar uma continuidade temática e de desenvolvimento, entre esse texto ímpar e as obras anteriores e posteriores de seu autor. Porém, do que não resta dúvida, é de que Zaratustra funciona como um personagem conceitual que, às vezes, pode vestir-se com a máscara metafísica da doutrina do eterno retorno, ou com o mito ambíguo do anúncio do super-homem, mas que poderia ter, também, o nome de início. Se em outros escritos de Nietzsche prevalece um *pathos* destruidor, corrosivo, polêmico, crítico e, em suma, negativo, *Zaratustra* é uma afirmação pura, um canto à vida, uma chamada à transfiguração, uma figura da ligeireza, da alegria e da inocência do porvir. E a criança das três metamorfoses é um de seus múltiplos emblemas. Nietzsche quer ser um começo. Não só um destruidor, mas um começo. E sua encarnação destrutiva e crítica não é mais do que a condição para o começo, o trabalho preliminar de limpeza.

A crítica e o porvir

Vou desenvolver agora, brevemente, a relação entre o leão e a criança ou, se se quer, a relação entre a negação e a afirmação, ou, também, a relação entre a crítica do presente e a abertura do porvir. E vou fazê-lo tomando como ponto de partida um opúsculo de Martin Hopenhayn sobre "As três metamorfoses" de *Zaratustra*, um texto muito lindo e muito perspicaz que se intitula "As três metamorfoses: um relato de libertação". No início desse texto, Hopenhayn escreve o seguinte:

> [...] sob este movimento do espírito (camelo, leão, criança), se resume um complexo itinerário de luta pela autonomia e pela emancipação. Metáfora da consciência secularizada (livre de predeterminações), este relato prefigura um momento

utópico de salto emancipatório, cujo sucesso depende de um trabalho prévio, de crítica profunda àquilo que a história colocou em nossos ombros como carga moral.[19]

Ao ler juntas as palavras "libertação", "autonomia" e "emancipação" (junto com "crítica") é quase impossível não pensar no relato kantiano da difícil e valorosa marcha do homem até a liberdade, com a qual comecei meu primeiro conto. E ao ler a palavra "salto" junto à expressão "momento utópico" – uma expressão na qual gostaria de acentuar a palavra "momento" mais do que a palavra "utopia", a fim de assinalar o que o "salto" tem de instante e de interrupção do curso linear do tempo –, é difícil não pensar no texto de Heidegger com o qual se terminou o primeiro relato. O que vou fazer, agora, acompanhando em alguns momentos Hopenhayn e separando-me, às vezes, dele, é pensar qual é a imagem da crítica que sugere a figura do leão – uma crítica que já não é a do criticismo –, e qual é a imagem da utopia que sugere a figura da criança – uma utopia que já não é a do utopismo. Digamos que Kant e o criticismo de inspiração kantiana não têm nada do espírito do leão. E digamos que esse utopismo "consolador" – do qual Foucault diz, no início de *As palavras e as coisas*, que "desabrocha num espaço maravilhoso e liso; abrem cidades com largas avenidas, jardins bem plantados, regiões fáceis, ainda que o acesso a elas seja quimérico"[20] – não tem nada do espírito da criança.

A partir do ponto de vista do leão, o criticismo kantiano não só aparece como demasiado conciliador, demasiado respeitoso, mas, sobretudo, como um criticismo que reproduz de outro modo a lei do amo e o espírito do camelo. Como se sabe, Kant configura uma crítica imanente de caráter jurídico: a crítica da razão pela própria razão, todo esse motivo do "tribunal da razão", e a crítica da moral pela própria moral, todo esse motivo do imperativo categórico universal

---

[19] HOPENHAYN, 1997, p. 73.
[20] FOUCAULT, 1979, p. 3.

servindo de critério para o juízo sobre o comportamento empírico particular. E com isso não faz em pedacinhos os antigos valores, mas sim, de algum modo, os confirma e os fortalece por interiorização. Tem que se obedecer à razão e fazer um bom uso da razão. E tem que se obedecer à consciência (uma consciência racional, é sim, que funciona por abstração, por elaboração de princípios e por juízo) e saber escutar sua voz e seus mandatos. Quando o homem adquire maioridade, isto é, quando deixa de obedecer a deus ou ao rei ou ao pai ou ao amo, quando se emancipa de qualquer autoridade exterior, aparecem em cena a razão e a consciência que o obrigam a seguir obedecendo.

O sujeito – tanto o sujeito da razão como o sujeito moral – é o grande invento no qual o próprio sujeito assume a dupla tarefa de vigiar e de ser vigiado, de dominar e de ser dominado, de julgar e de ser julgado, de castigar e de ser castigado, de mandar e de obedecer. A crítica imanente e jurídica o que faz é instalar em nós o amo, convertê-lo em parte de nós mesmos. Pelo simples expediente de converter-nos em donos de nós mesmos, a crítica nos faz livres e escravos ao mesmo tempo: somos livres por interiorização da lei. Assim, o sujeito kantiano não opõe, como o leão, o "eu quero" ao "tu deves", mas, sim, configura o "eu quero" a partir do ponto de vista do dever, como "eu devo". É aqui que o bom uso da subjetividade desdobrada coincide estranhamente com a confirmação dos valores estabelecidos: o sujeito maduro, maior de idade, é o que se rege pela verdadeira razão, pela autêntica moral e pela verdadeira liberdade. Outra figura do camelo, em suma.

Por isso, o homem que chegou a ser adulto, o livre sujeito kantiano, o produto da Ilustração, é uma criança. Nietzsche poderia dizer que o mundo adulto kantiano está atravessado de infantilismo, porém de infantilismo no mal sentido da palavra. Um infantilismo que não tem nada a ver com o "espírito de criança", precisamente porque não foi precedido pelo leão. O mundo infantil kantiano é um mundo que mantém o mito de um mundo providência, no qual nossos esforços encontrarão sua recompensa, nossas intenções serão compreendidas, nossa obediência aprovada, nosso desejo de felicidade acolhido com benevolência e nossa existência justificada. É nesse mundo que Nietzsche vê falta de valor e de coragem, minoridade autoculpável, dependência, uma debilidade que se resolve na necessidade de um apoio, de uma sustentação. O adulto kantiano é um adulto infantilizado, um adulto ao qual se lhe impede crescer. Mas não porque seja um falso adulto, mas porque sua própria maioridade realizada é de natureza infantil. E se resulta infantil não é porque não tenha alcançado a idade adulta, mas porque seu vir-a-ser-adulto foi realizado a partir do ponto de vista da debilidade e da submissão, a partir do ponto de vista da infantilização e do infantilismo.

Então, quem é o leão? O leão encarna um tipo de crítica infinitamente mais destrutiva, mais desapiedada, mais dissolvente, mais cética e mais trágica que a do criticismo. Sua face negativa é muito mais radical, mais negativa, porque o tipo de afirmação que prepara é, também, mais radical, mais afirmativa. O leão não muda os valores, mas sim os despedaça; e não muda tampouco o lugar do qual derivam os valores, mas suprime todo lugar. Por isso, seu território é esse lugar que é um não-lugar: o deserto. E não somente nega o amo, senão que, para negá-lo completamente, se nega também a si mesmo. Por isso, Hopenhayn centra seu comentário, não tanto na luta do leão contra qualquer figura externa da submissão, mas, sim, na dimensão autodestrutiva dessa luta: "A criança pressupõe um último gesto autodissolutivo no leão. Para que a criança nasça, o leão deve perecer, e para isso deve estar disposto a perecer".[21]

Poderíamos dizer que o leão representa uma forma da negação que não está normatizada pela autoconservação.

---

[21] HOPENHAYN, 1997, p. 76.

Não luta para se conservar, para ser mais ele, mais forte, mais livre ou mais rico, mas para dar lugar a uma vinda que pressupõe sua própria desaparição, sua própria morte. O leão anuncia, assim, algum desses aventureiros do espírito – penso por exemplo em Bataille, ou em Artaud, ou em Michaux –, que se tomam a si próprios como a matéria-prima de uma experiência-limite, na qual coincidem a destruição e a criação, na qual, a aparição epifânica de algo novo, de algo imprevisto, de algo outro, só se dá ao preço do sacrifício do que já se é. Por isso, a criança não supera o leão se pensamos a superação no modo dialético, como uma figura na qual algo se conserva superando-se, na qual algo se transforma apropriando-se ou reapropriando-se de outra maneira, mas que aparece no instante de sua morte.

Porém, da criança nada se pode dizer. A criança não se pode antecipar, nem se projetar, nem se idealizar, nem se determinar, nem se antecipar. A criança não cumpre nada, não realiza nada, não culmina nada. É um limite, uma fronteira, um salto, um intervalo, um mistério. O último parágrafo do opúsculo de Hopenhayn expressa isso com clareza:

> O salto do leão não tem garantia. Nietzsche rompeu com a concepção hegeliana-dialética do progresso e da liberdade, pondo esta última como possibilidade que descansa mais na vontade singular que na determinação da história. Tem que se entender a libertação como um processo crítico que torna possível a autopoiese; essa autoprodução não se desprende necessariamente do exaustivo trabalho crítico do leão. Precisamente, estamos falando de libertação, não de necessidade. A autocriação não é conseqüência necessária de nada que a anteceda. Este argumento parece especulativo, porém não é refutável dentro de uma lógica da liberdade. Para que nasça a criança, o leão deve morrer primeiro e deixar, entre os dois, um espaço de incerteza. Nesse espaço aposta o camelo para perpetuar-se, o vazio para dissolvê-lo todo e a criança para dar-se à luz.[22]

---

[22] HOPENHAYN, 1977, p. 79.

O leão tem a ver com a crítica do que somos, do que nos constitui, do que nos aparece como necessário, do que fixamos em identidade. E com a crítica também do que queremos ser, de tudo aquilo que ainda está na lógica do projeto, do ideal, da autoconservação, do sentido. E tudo isso para abrir o devir, o porvir, a possibilidade de um salto que não está regrado pelo futuro, nem pelo futuro projeto, nem pelo futuro guia, nem pelo futuro promessa, nem pelo futuro ideal, nem pelo futuro consumação, nem pelo futuro realização. A criança abre um devir que não é senão o espaço de uma liberdade sem garantias, de uma liberdade que não se sustenta mais sobre nada, de uma liberdade trágica, de uma liberdade que não pertence à história mas que inaugura um novo começo, de uma liberdade libertada. Sob o signo da criança, a liberdade não é outra coisa senão a abertura de um porvir que não está determinado nem por nosso saber, nem por nosso poder, nem por nossa vontade, que não depende de nós mesmos, que não está determinado pelo que somos, mas que se indetermina no que vimos a ser. A liberdade é a experiência da novidade, da transgressão, do ir além do que somos, da invenção de novas possibilidades de vida.

A liberdade está assim na brecha entre o leão e a criança. É uma brecha, como muito bem diz Hopenhayn, na qual ameaça de novo o camelo, a falsidade de tudo aquilo que nos é dado como liberdade, como vida, como intensidade, mas que não é senão uma série de mercadorias que consumimos e que nos consomem, e na qual ameaça a dissolução. Porém somente nessa brecha pode aparecer algo que não é apenas o prolongamento de nós mesmos no tempo, mas o acontecimento de algo que sempre vai mais longe, algo que traz ao ser aquilo que não era, um resultado livre, aberto e desconhecido.

A difícil conquista da infância

Visto que o outro nome da criança de "As três metamorfoses" é criação, gostaria agora de refletir sobre essa fascinação pela infância que recorre as vanguardas artísticas do século que termina. Tomemos, por exemplo, a declaração de Paul

Klee: "quero ser como um recém-nascido, não saber nada, absolutamente nada da Europa [...] ser quase um primitivo". Ou a de Pablo Picasso: "aos doze anos, pintava como um adulto... e necessitei de toda uma vida para pintar como uma criança". Pensemos no puríssimo olhar de Joan Miró, nesses olhos brilhantes, intensos e infantis de suas fotografias de ancião. Tomemos os "Exercícios de ser criança", do poeta Manoel de Barros, ou essa "Didática da invenção", que termina pelo imperativo de "desaprender oito horas por dia". Ou esse "tem que se olhar com olhos de criança e pedir a lua", no qual Federico García Lorca cifrava a chave da inspiração, em uma conferência proferida em 1928. Ou essa declaração programática de Peter Handke, que se poderia utilizar como emblema de toda sua obra: "Quem disse, pois, que agora não há aventuras? O caminho que vai do amorfo, simplesmente selvagem, ao formalmente selvagem, ao selvagem repetível, é uma aventura (do espírito de criança à criança de espírito)". Releiamos, por exemplo, os *Tateios de crianças; trabalhos de crianças*, nos quais Henri Michaux expõe algumas das chaves de sua pintura. Ou as *Reflexões sobre as crianças, os jogos e a educação*, de Walter Benjamin, nas quais pulsa essa ânsia messiânica de começo que atravessa sua teoria da História. Ou a reivindicação da imaturidade, do "ferdydurkismo", na qual Witold Gombrowicz via a exigência e a possibilidade da criação. Ou esse imperativo de desaprendizagem que Dubuffet considera como premissa de todo descobrimento. E poderíamos multiplicar os exemplos.

Trata-se de uma fascinação que tem correspondências, sem dúvida, com outras curiosas figuras como a fuga da Europa e a busca de uma certa renovação espiritual em outras tradições (a viagem ao Oriente seria aqui clássico), o descobrimento do primitivismo, ou o uso experimental de substâncias alucinógenas ou psicotrópicas. Figuras todas elas da evasão. É como se o artista moderno estivesse cansado de si mesmo, prisioneiro de sua própria história, farto de sua própria cultura. Demasiado peso, demasiado trabalho, demasiada consciência. Nesse contexto, o regresso à infância, a difícil conquista da infância, aparece como uma figura da inocência recuperada, como uma imagem do novo. A busca que o artista faz de sua própria infância está ligada, me parece, a uma vontade de desprendimento de si, de de-subjetivação, de alcançar um estado além ou aquém de si mesmo. Como se, só a partir daí, a partir de sua própria destruição como sujeito, pudesse surgir o novo.

O novo, não obstante, a paixão do novo, não se dá sem ambiguidades. Às vezes aparece revestindo um progressismo tão ingênuo como exaltado: essa ideia de que o futuro será sempre melhor que o presente, de que o tempo não é outra coisa senão a contínua superação do velho pelo novo. A leitura, mesmo que superficial, de muitos dos manifestos vanguardistas, nos dá ideia de uma ânsia de novidade, que não se refere somente ao anúncio profético de uma arte nova, mas, também e sobretudo, de uma maneira nova de estar no mundo. E nossa época permanece, em parte, obscurecida pelo progresso, imersa em uma acelerada fuga para diante, em uma carreira desenfreada em direção ao futuro. E o novo se degrada na novidade, em uma permanente fabricação do novo com vistas à sua venda em um mercado ávido de novidades.

Outras vezes, a paixão pelo novo tem um sentido eminentemente negativo. Já Adorno viu com clareza de que forma a vanguarda estava atravessada de negatividade, desse espírito que avança declarando suspeitoso e caduco tudo o que recebe. Também Lyotard assinalou como "a idéia da modernidade está presa ao princípio de que é possível romper com a tradição e instaurar uma maneira de viver e de pensar absolutamente nova".[23] E, seguramente, a apologia do esquecimento que Nietzsche fez na segunda intempestiva contra o peso da história tenha, ainda, muito de negativo. Como se o esquecimento ativo fizesse parte desse espírito vanguardista, basicamente negativo e destruidor.

---

[23] LYOTARD, 1987, p. 90.

Às vezes, também a paixão pelo novo está implicada com essas estéticas da fugacidade, da caducidade, do efêmero, do acontecimento instantâneo e único, em suma, que rompem com toda vontade de permanência e, portanto, de história. Porém, não deixa de ser irônico que os produtos das vanguardas tenham vindo finalmente a se ordenar cronologicamente, que seja tão importante o momento exato em que aparece tal corrente, tal moda ou tal estilo, ou que nossa compreensão da arte moderna esteja baseada em ordenações cheias de "evoluções" e "desenvolvimentos", de "neos", e de "pós", de listas de "ismos" que se sucedem uns aos outros, de história definitiva, ainda que seja uma história cada vez mais acelerada e mais prolífica.

Dá, às vezes, a sensação de que a vontade de ruptura com a tradição, além de já ter se tornado tradicional, estivesse mais ligada à tradição do que parece à primeira vista. Parece, também, às vezes, que as constantes declarações de primitivismo não são outra coisa senão sintomas de decadência e senilidade criativa, de captura daquilo cada vez mais arcaico e cada vez mais primitivo para sua transformação em mercadoria de urgência para o insaciável mercado da novidade. Também dá a impressão, às vezes, de que o elogio da infância como atitude estética e vital não deixa de ser suspeito em uma época na qual funcionam a todo vapor os aparatos de infantilização maciça dos indivíduos e de produção sistemática do esquecimento. E, em meio a todas essas perplexidades, a assim chamada "arte pós-moderna", submetendo à crítica esse entusiasmo pelo novo, próprio das vanguardas, ou talvez, esgotada e aborrecida, incapaz já de inovar, ou talvez, imersa na debilitação da idéia de progresso da qual as vanguardas eram ainda devedoras, ou por acaso, suspeitando dum inconformismo que se fazia já demasiado conformista e de uma liberdade que se havia feito agora obrigatória, convida-nos a transitar por uma paisagem de citações, de imitações irônicas, de plágios evidentes, de continuações espúrias e de recuperações paródicas.

Porém, além de todos esses paradoxos, além do perigo de degradação em clichê que sempre aceita qualquer forma de expressão artística ou de pensamento, o que a reiteração da figura da infância – tanto para afirmá-la como para negá-la – revela é a relação inquieta que a arte mantém com a história (a tensão não-dialetizável entre continuidade e descontinuidade) e, talvez mais importante, a relação atormentada que o artista mantém consigo mesmo como sujeito criador. A criança das três metamorfoses é, outra vez, mais um catalizador de nossas perplexidades do que uma figura teoricamente unívoca e doutrinalmente assimilável.

A criança é, em Nietzsche, origem, começo absoluto. E a origem está fora do tempo e da história. O artista busca sua própria infância porque deseja a possibilidade pura. E busca também devolver a infância à matéria com que trabalha, à palavra, no caso do poeta: o poeta quer que as palavras recuperem sua primitiva inocência, sua primitiva liberdade, à margem ou aquém das contaminações às quais as submeteu o uso dos homens. Por isso, a origem não tem a ver com o novo como futuro, visto que aí estaria prisioneira de um tempo linear e progressivo, aliado da história; nem com o novo como renascimento ou como *revival*, posto que aí estaria próximo da nostalgia superficial, despreocupada e acrítica, que no fundo não encontra senão o mesmo de sempre. A origem tem a ver, sim, é com o novo enquanto intemporal, enquanto êxtase do tempo, enquanto instante ou eternidade, ou caso se queira, enquanto instante eterno ou eternidade instantânea. E por isso é capaz de apagar tanto o caráter de passado do passado, quanto o caráter de futuro do futuro. A criança não tem nada a ver com o progresso. Tampouco nada tem a ver com a repetição. A figura da criança não remete a uma pontuação do tempo em direção ao passado, como ainda na velha cultura humanística, para a qual a idade de ouro já passou e é irrecuperável, ainda que suscetível, isso sim, de uma emulação sempre insuficiente. E tampouco remete a uma pontuação do tempo em direção ao futuro, para o qual o paraíso se projeta sempre num horizonte inalcançável, ainda que suscetível, naturalmente, de uma aproximação sempre incompleta. A criança não é nem antiga nem moderna, não está nem antes nem depois, mas agora, absolutamente atual, porém fora da atualidade, como tirando a atualidade de seus escaninhos e separando-a de si mesma, absolutamente presente, porém fora da presença, como separando o presente de si mesmo. A criança suprime o histórico pela aliança do presente com o eterno. Seu tempo não é linear, nem evolutivo, nem genético, nem dialético, mas está cheio de clarões, de intermitências. A criança é um presente fora do presente, isto é, um presente inatual, intempestivo.

Chronos e aión ou o acontecimento

A figura da criança está dirigida contra o tempo; é uma figura do contratempo, pelo menos a partir do ponto de vista do tempo pontual, homogêneo, infinito, quantificável e sucessivo que é o tempo dominante desde muitos séculos no Ocidente. Por isso, gostaria de voltar, como última exposição das perplexidades da liberdade libertada, aos motivos que apareceram na citação de Heidegger, com a qual terminei o primeiro relato da libertação da liberdade: esse motivo heracliteano da luta entre *chronos* e *aión*, como duas figuras opostas e complementares do tempo, e esse motivo também heracliteano do jogo ao qual se referem, também, em algum momento, quase todos os comentaristas da criança nietzscheana. Como se para libertar a liberdade, para que a liberdade tivesse a forma de *aión* e do acontecimento, tivesse que libertá-la do tempo contínuo e crônico pelo qual está capturada.

O tempo crônico é o tempo enquanto o *antes* e o *depois*, o tempo dotado de uma direção e de um sentido, o tempo irreversível representado por uma linha que vai de trás para diante. Essa experiência do tempo tem sua origem matemática na Física aristotélica; modifica-se substancialmente ao cristianizar-se, sobretudo ao incluir uma dimensão apocalíptica, uma dimensão de fim dos tempos, que é a que o dota de sentido; e chega até nós configurada pela experiência de trabalho nas manufaturas, convertido já em processo, em um processo-sucessão abstrato, em uma sucessão de agoras que passam sempre em fila, ordenadamente; o tempo converteu-se agora em uma mera cronologia que para conservar um certo sentido, uma certa orientação, deve preservar a ideia de um progresso ou, pelo menos, de um desenvolvimento contínuo e infinito.

A esse tempo crônico se opõe como contratempo a figura de *aión*. *Aión* é um nome derivado de *aieí*, que poderia ser traduzido por *sempre*, e que vem da mesma raiz que dá o latim *aeternus*. No fragmento de Heráclito, *aión* poderia referir-se ao tempo considerado de uma vez, ao tempo-todo, ao tempo perene. Porém, o surpreendente é que esse tempo-todo é uma criança que joga e que acaba coroado como o rei do jogo. Ao relacionar o tempo-todo com uma criança que joga – e não, como pareceria mais evidente, com um velho ao final de sua vida, ou com algo que desse a sensação de eternidade e completude, de permanecer fora do tempo –, o tempo fora do tempo da eternidade, ou do final, se confunde com o tempo fora do tempo do instante, ou do princípio, porém, com um instante que já não é um momento matemático, um mero passar, mas um instante original, uma origem. O jogo tem por modelo a jogada, a ocasião, a decisão, o *kairós*, o estado de exceção, o acontecimento imprevisto e imprevisível, que faz saltar o contínuo do tempo em uma jogada instantânea que, não obstante, como momento decisivo, concentra em si mesma o todo do tempo e, ao mesmo tempo, fecha o tempo e abre o tempo. *Aión*, ou a criança, ou o jogo é, então, uma figura da interrupção, da descontinuidade, mas também da decisão, e também do final, e também da origem. Por exemplo, a figura anárquica e ateleológica da revolução em política, ou da criação em arte, ou do nascimento e do renascimento na vida descontínua e metamórfica dos homens. Por exemplo, a figura daquilo no qual o que somos e o que seremos está cada vez, e novamente, posta em jogo.

Para não concluir

Até aqui, um conto: o conto ou a história da libertação da liberdade, e uma série de motivos que podem nos dar uma ideia daquilo que nos leva a pensar no âmbito da liberdade libertada. E tudo isso, repito, com a intenção de abrir um espaço de interrogação em cujo interior possamos inscrever nossas inquietudes e nossas perplexidades.

A partir daqui, trata-se de continuar com outros exercícios de libertação a propósito das outras palavras, ou idéias, que em meu conto apareciam ligadas a essa liberdade moderna, desfalecente e desfalecida, essas palavras maiúsculas que são Razão, Homem ou Sujeito e História, igualmente arruinadas por muito que sigam trovando em nossos ouvidos com intenções fundamentalmente repressivas. Se estamos nos libertando da Liberdade, ou se estamos começando a vislumbrar algo assim como uma liberdade libertada, uma liberdade à qual talvez não lhe convenha agora a palavra ou o conceito "liberdade", também estamos começando a libertar-nos da Razão e estamos começando a vislumbrar algo assim como uma razão libertada, uma razão à qual talvez não lhe convenha mais a palavra ou conceito de "razão"; e estamos também libertando-nos do Sujeito e começando a vislumbrar algo assim como uma subjetividade libertada, uma subjetividade à qual talvez não lhe convenha mais agora a palavra ou o conceito de "homem"; estamos também começando a libertar-nos da História e a vislumbrar algo assim como uma temporalidade libertada, uma temporalidade à qual talvez não lhe convenha agora a palavra ou o conceito de "história". Ou, se se quiser, estamos começando a pensar algo assim como uma relação com o tempo que não passa agora pela ideia totalizante e totalitária da História, uma relação com o sentido que não passa agora pelas idéias totalitárias e totalizantes da Razão ou da Verdade, uma relação conosco e com os outros que não passa agora pelas ideias totalitárias e totalizantes do Homem ou do Sujeito, e uma relação com nossa própria existência, e com o caráter contingente e finito de nossa própria existência, que não passa agora pela ideia totalitária e totalizante da Liberdade. Invenção de novas possibilidades de vida? Criação? Autocriação? Talvez.

SUGESTÕES BIBLIOGRÁFICAS

A bibliografia de Nietzsche e sobre o filósofo é bastante extensa. Mesmo assim, não são comuns as obras que tratam especificamente das implicações do pensamento nietzscheano para a Educação.

Seja como for, a lista a seguir servirá para complementar as referências bibliográficas do autor deste livro. E servirá, principalmente, como sugestão de leituras adicionais para que as pessoas interessadas tenham acesso mais fácil a outros textos de Nietzsche e sobre ele, bem como a algumas de suas possíveis articulações com a Educação.

ANSELL-PEARSON, Keith. *Nietzsche como pensador político.* Rio de Janeiro: Jorge Zahar, 1997.

BOEIRA, Nelson. *Nietzsche.* Rio de Janeiro: Jorge Zahar, 2002.

DIAS, Rosa Maria. *Nietzsche educador.* São Paulo: Scipione, 1993.

FOUCAULT, Michel. Nietzsche, a genealogia e a história. In: FOUCAULT, Michel. *Microfísica do poder.* Rio de Janeiro: Graal, 1992, p. 15-37.

FOUCAULT, Michel. *Nietzsche, Freud e Marx.* São Paulo: Princípio, 1997.

FREZZATTI Jr., Wilson A. *Nietzsche contra Darwin.* São Paulo: Discurso Editorial; Ijuí: UNIJUÍ, 2001.

HÉBER/SUFFRIN, Pierre. *O "Zaratustra" de Nietzsche.* Rio de Janeiro: Jorge Zahar, 1991.

LINS, Daniel; COSTA, Sylvio G.; VERAS, Alexandre (org.). *Nietzsche e Deleuze. Intensidade e paixão*. Rio de Janeiro: Relume Dumará, 2000.

MACHADO, Roberto. *Zaratustra, Tragédia Nietzscheana*. Rio de Janeiro: Jorge Zahar, 1997.

MACHADO, Roberto. *Nietzsche e a verdade*. Rio de Janeiro: Graal, 1999.

MARQUES, Antônio. *Sujeito e Perspectivismo*. Lisboa: D. Quixote, 1989.

MARTON, Scarlett. *Nietzsche. A transvaloração dos valores*. São Paulo: Moderna, 1993.

MARTON, Scarlett. *Nietzsche. Das forças cósmicas aos valores humanos*. Belo Horizonte: UFMG, 2000.

NAFFAH NETO, Alfredo. *Nietzsche. A vida como valor maior*. São Paulo: FTD, 1996.

NIETZSCHE, Friedrich. *Aurora*. Porto: Rés, 1983.

NIETZSCHE, Friedrich. *Obras Incompletas*. São Paulo: Nova Cultural, 1996.

NIETZSCHE, Friedrich. *O caso Wagner. Nietzsche contra Wagner*. São Paulo: Companhia das Letras, 1999.

NIETZSCHE, Friedrich. *Crepúsculo dos ídolos*. Rio de Janeiro: Relume Dumará, 2000.

NIETZSCHE, Friedrich. *O nascimento da Tragédia ou Helenismo e Pessimismo*. São Paulo: Companhia das Letras, 2000.

NIETZSCHE, Friedrich. *O Anticristo*. Lisboa: Guimarães, 2000.

NIETZSCHE, Friedrich. *A gaia ciência*. São Paulo: Companhia das Letras, 2001.

NIETZSCHE, Friedrich. *Breviário de citações (fragmentos e aforismos)*. São Paulo: Landy, 2001.

NIETZSCHE, Friedrich. *Assim falou Zaratustra*. São Paulo: Martin-Claret, 2002.

NIETZSCHE, Friedrich. *Ecce Homo*. São Paulo: Martin-Claret, 2002.

NIETZSCHE, Friedrich. *Fragmentos finais*. Brasília: UnB, 2002.

NIETZSCHE, Friedrich. *A genealogia da moral*. São Paulo: Ediouro, [sd.].

PIMENTA, Olímpio. *Razão e conhecimento em Descartes e Nietzsche*. Belo Horizonte: UFMG, 2000.

PIMENTA NETO, Olímpio José & BARRENECHEA, Miguel Angel (org.). *Assim falou Nietzsche*. Ouro Preto: Sete Letras, 1999.

PIMENTA NETO, Olímpio José & BARRENECHEA, Miguel Angel (org.). *Assim falou Nietzsche II. Memória, Tragédia e Cultura*. Rio de Janeiro: Relume Dumará, 2000.

RAGO, Margareth, ORLANDI, Luís & VEIGA-NETO, Alfredo (org.). *Imagens de Foucault e Deleuze: ressonâncias nietzscheanas*. Rio de Janeiro: DP&A, 2002.

STRATHERN, Paul. *Nietzsche em 90 minutos*. Rio de Janeiro: Jorge Zahar, 1997.

TÜRKE, Christoph. *O louco. Nietzsche a mania da razão*. Petrópolis: Vozes, 1993.

TÜRKE, Christoph (org.). *Nietzsche. Uma provocação*. Porto Alegre: Editora da UFRGS, Goethe-Institut, 1994.

VIEIRA, Maria Cristina. *O desafio da grande saúde em Nietzsche*. Rio de Janeiro: 7 Letras, 2000.

Sites de interesse, relacionados a Nietzsche & a Educação

http://www.geocities.com/Athens/3221/ – Site oficial da Associazione Internazionale di Studi e Ricerche Federico Nietzsche. Contém links, textos e estudos sobre o filósofo, chamadas para reuniões, simpósios e congressos, endereços úteis e fotos.

http://www2.auckland.ac.nz/lbr/edu/edupost.html – Contém links, textos e estudos sobre as relações entre o filósofo e outros pensadores pós-modernos, bem como entre Nietzsche e o pós-estruturalismo. Dá acesso à aquisição de livros e revistas.

http://www.friedrichnietzsche.de/ – Contém dados biográficos e cronológicos de Nietzsche, sua família, seus amigos e colegas. Dá acesso a vários endereços. Contém fotos históricas interessantes.

http://www.swan.ac.uk/german/fns/fns.htm – Site oficial da Friedrich Nietzsche Society. Contém textos, chamadas para reuniões e links importantes.

http://www.swan.ac.uk/german/fns/jns.htm – Site oficial do Journal of Nietzsche Studies, publicado desde

1991 pela Penn State University Press. Contém textos importantes.

http://www.fflch.usp.br/df/gen/intr_e.htm – Site do Grupo de Estudos Nietzsche, sediado no Departamento de Filosofia da USP. Está vinculado a esse grupo o Cadernos Nietzsche, publicação semestral cujo endereço é: http://www.fflch.usp.br/df/gen/cad_e.htm

http://plato.stanford.edu/entries/nietzsche/ – Site da Stanford Encyclopedia of Philosophy. Contém dados biográficos e extensa e detalhada bibliografia de Nietzsche e sobre o filósofo. Discute algumas influências do pensamento nietzscheano sobre o século XX. Contém alguns links interessantes.

http://www.britannica.com/eb/article?eu=115660 – Site da Encyclopaedia Britannica. O acesso é grátis por 72 horas, depois disso é preciso associar-se a um custo mensal de US$9.95.

http://infonectar.com/aphorisms.html – Site que traz, a cada nova consulta e aleatoriamente, um aforismo de Nietzsche.

http://www.fordham.edu/gsas/phil/nns_journal_description.html – Site oficial da New Nietzsche Studies — The Journal of The Nietzsche Society. Dá acesso a textos e links variados.

http://www.dartmouth.edu/~fnchron/ – Site com crônicas biográficas de Nietzsche e sobre o filósofo, divididas por "fases" de sua vida. Poucos links de interesse.

http://www.bonsaiweb.com/philbooks/nietzsche/ – Site com extensa relação de livros e textos de Nietzsche e sobre o filósofo, para aquisição.

http://www.cwu.edu/~millerj/nietzsche/ – O Pirate Nietzsche Page é um site com muitos links interessantes para dados sobre Nietzsche, suas obras, sociedades filosóficas e listas de discussões sobre o pensamento nietzscheano.

http://www.degruyter.de/journals/nietz-stud/index.html#about – Site do conhecido Nietzsche-Studien (Internationales Jahrbuch für die Nietzsche-Forschung). Contém os sumários dos artigos publicados nos últimos anos pela revista. Dá acesso a consultas on-line.

Referências

ADORNO, Theodor. *Dialéctica negativa*. Madrid: Taurus, 1975.

BAKHTIN. *Estética de la creación verbal*. Madrid: Siglo XXI, 1990.

BATAILLE, George. *Sobre Nietzsche*. Madrid: Taurus, 1972.

BLANCHOT, Maurice. *El diálogo inconcluso*. Caracas: Monte Ávila, 1970.

BORGES, Jorge L. *El idioma de los argentinos*. Buenos Aires: Gleizer, 1928.

BORGES, Jorge. *Ficciones*. Barcelona: Planeta, 1971.

COLLI, Giorgio. *Introducción a Nietzsche*. Valencia: Pre-textos, 2000.

DELEUZE, Gilles. *Nietzsche y la filosofía*. Barcelona: Anagrama, 1971.

DELEUZE, Gilles. *Critique et clinique*. Paris: Minuit, 1993.

DELEUZE, Gilles & GUATTARI, Felix. *Qu'est-ce que la philosophie?* Paris: Minuit, 1991.

DERRIDA, Jacques. *Éperons. Les styles de Nietzsche*. Paris: Flammarion, 1978.

FOUCAULT, Michel. *Las palavras y las cosas*. México: Siglo XXI, 1979.

FOUCAULT, Michel. *O uso dos prazeres*. Paris: Gallimard, 1984.

FOUCAULT, Michel. *Nietzsche, la genealogía y la historia*. Valencia: Pre-textos, 1988.

GADAMER, Georg. *Verdad y método*. Salamanca: Sígueme, 1984.

GARCÍA CALVO, A. *Razón común. Edición crítica, ordenación, traducción y comentario de los restos del libro de Heráclito*. Madrid: Lucina, 1985.

HEIDEGGER, Martin. *Nietzsche*. Vol. I. Paris: Gallimard, 1977.

HEIDEGGER, Martin. *Kant y el problema de la metafísica*. México: Fondo de Cultura Económica, 1981.

HEIDEGGER, Martin. *La proposición del fundamento*. Barcelona: Ediciones del Serbal, 1991.

HOPENHAYN, Martin. *Después del nihilismo. De Nietzsche a Foucault*. Barcelona: Andrés Bello, 1997.

HORKHEIMER, Max & ADORNO, Theodor. *Dialéctica de la Ilustración*. Madrid: Trotta, 1994.

HUSSERL, Edmund. *La crisis de las ciencias europeas y la fenomenología transcendental*. Barcelona: Crítica, 1991.

KANT, Imanuel. "Respuesta a la pregunta: ¿Qué es la ilustración?". In: AA. VV. ¿Qué es Ilustración?. Madrid: Tecnos, 1988.

KOFMAN, S. *Nietzsche et la métaphore*. Paris: Payot, 1972.

KOFMAN, S. *Explosión I et II. Les enfants de Nietzsche*. Paris: Galilée, 1992.

LACOUE-LABARTHE, F. Le Détour. *Poétique*, n.5, 1971.

LARROSA, Jorge. *La experiencia de la lectura*. Barcelona: Laertes, 1996.

LARROSA, Jorge. *La liberación de la libertad (y otros textos)*. Cipost. Universidad Central de Venezuela. Caracas. 2001.

LYOTARD, Jean-François. *La postmodernidade explicada a los niños*. Barcelona: Gedisa, 1987.

NIETZSCHE, Friedrich. *Ecce Homo*. Madrid: Alianza, 1971.

NIETZSCHE, Friedrich. *Más allá del bien y del mal*. Madrid: Alianza, 1972.

NIETZSCHE, Friedrich. *Así habló Zaratustra*. Madrid: Alianza 1972a.

NIETZSCHE, Friedrich. *La genealogía de la moral*. Madrid: Alianza, 1972b.

NIETZSCHE, Friedrich. *Crepúsculo de los ídolos*. Madrid: Alianza, 1973.

NIETZSCHE, Friedrich. *El Anticristo*. Madrid: Alianza, 1974.

NIETZSCHE, Friedrich. *Sobre el porvenir de nuestras escuelas*. Barcelona: Tusquets, 1977.

NIETZSCHE, Friedrich. *La Gaya Ciencia*. Barcelona: Olañeta, 1979.

NIETZSCHE, Friedrich. *Aurora*. Barcelona: Olañeta, 1981.

NIETZSCHE, Friedrich. *Humano, demasiado humano*. Madrid: Edaf, 1984.

NIETZSCHE, Friedrich. *La Gaya Ciencia*. Caracas: Monte Ávila, 1985.

NIETZSCHE, Friedrich. *Obras Incompletas*. São Paulo: Nova Cultural, 1996.

NIETZSCHE, Friedrich. *Schopenhauer como educador*. Madrid: Biblioteca Nueva, 2000.

PASCUAL, Andrés S. Introdução. In: NIETZSCHE, Friedrich. *O nascimento da tragédia*. Madrid: Alianza, 1973.

SCRIFT, A. D. *Nietzsche and The Question of Interpretation*. New York: Routledge, 1990.

SLOTERDIJK, Peter. *En el mismo barco*. Madrid: Siruela 2000.

STEINER, G. *Lenguaje y silencio*. Barcelona: Gedisa, 1982.

TRÍAS, E. et alii. *A favor de Nietzsche*. Madrid: Taurus, 1972.

O AUTOR

Jorge Larrosa, aragonês, nascido no final da década de cinquenta, é Professor Titular de Filosofia da Educação, no Departamento de Teoria e História da Educação da Universidade de Barcelona. É Doutor em Pedagogia e fez Pós-Doutorado no *Institute of Education* da Universidade de Londres e no *Centro Michel Foucault* da Sorbonne, em Paris. Suas pesquisas resultaram em um grande número de publicações, várias delas traduzidas para o francês, o inglês e o português. Entre seus livros, destacam-se *La experiencia de la lectura* (1996) e *Pedagogía Profana* (1998); este último é amplamente conhecido no Brasil e foi publicado também pela Autêntica Editora. Além das muitas monografias e ensaios, Jorge Larrosa organizou *Trayetos, escrituras, metamorfosis. La idea de formación en la novela* (1994), *Escuela, poder y subjetivación* (1995), *Déjame que te cuente. Ensayos sobre narrativas y educación* (1995) e o também traduzido no Brasil *Imagens do outro* (Vozes, 1996). Como professor convidado, tem ministrado vários cursos em diversos países latino-americanos e especialmente no Brasil, onde há vários anos vem participando de congressos, projetos de pesquisa e bancas examinadoras.

Qualquer livro do nosso catálogo não encontrado nas
livrarias pode ser pedido por carta, fax, telefone ou pela Internet.

Rua Aimorés, 981, 8° andar – Funcionários
Belo Horizonte-MG – CEP 30140-071

Tel: (31) 3222 6819
Fax: (31) 3224 6087
Televendas (gratuito): 0800 2831322

vendas@autenticaeditora.com.br
www.autenticaeditora.com.br

Este livro foi composto com tipografia Garamond e impresso
em papel Off Set 75 g. na Formato Artes Gráficas.